Gerhard Leonhard Rothe

Sonette an Octavia

Die Sonette in diesem Buch sind an eine Frau gerichtet, die der Autor vor über dreißig Jahren kannte, die ihn sehr faszinierte, die er dann aus den Augen verlor, aber niemals vergessen konnte.

Vor einigen Jahren trat dann in unerwarteter Weise ein Zustand plötzlicher Rückbesinnung, ja Erschütterung ein; längst verschollen geglaubte Erinnerungen und Gefühle, positive wie negative, erwachten in neuer Stärke, verlangten nach Ausdruck, wollten in Versen gestaltet sein. So entstand diese Dichtung, an deren Ausarbeitung Wirklichkeit und Imagination gleichermaßen mitwirkten und worin Vergangenheit und Gegenwart auf der gleichen Zeitebene zusammengeführt sind, weil Leidenschaft nur Gegenwart kennt.

In die Sprache ist neben poetischen Bildern viel Phantastisches, Mystisches, Philosophisches, vielleicht auch Psychologisches, auf jeden Fall Gedankliches eingeflossen, darüber hinaus hat der Autor große Frauengestalten aus Geschichte und Mythos in die Persönlichkeit der Protagonistin hineinprojiziert und auch eigene Mythen zu schaffen versucht und auf diese Weise dafür gesorgt, dass sich die Angesprochene unerkannt in den Texten verbergen kann.

Einen bedeutenden Stellenwert haben immer wiederkehrende Fragen nach dem Ich, dem Selbst, nach der Identität der geliebten Frau und der Identität des Autors, Fragen, die naturgemäß nicht beantwortet werden können und auch nicht beantwortet werden sollen.

Über das Sonett ist schon vieles gesagt worden, unter anderem auch, dass es schon mehrmals totgesagt war. Dem Autor bot sich diese strenge Form aber an, weil sie ihm für Klangexperimente und schwierige Darstellungen geeignet erschien, obwohl er in seinen Versen den großen Meistern der Gattung nicht annähernd nahekommt, geschweige denn sie erreicht.

Gerhard Leonhard Rothe

Sonette an Octavia

Ein Schwanengesang

Impressum

© 2019 Gerhard Leonhard Rothe

ISBN 978-3-7469-1730-6 (Paperback)
ISBN 978-3-7469-1731-3 (Hardcover)
ISBN 978-3-7469-1732-0 (e-Book)

Verlag & Druck: tredition GmbH,
Halenreie 40-44, 22359 Hamburg

An die Unvergessene,
für alle Zeiten Geliebte

Zweihundertzehn Sonette

1

Als sanften Trost

Wenn ein Choral aus Chrysanthemenduft
in weiten Wellen wirbelnd dich umfließt
und Unmut dich ergreift aus dunkler Kluft,
Phantomschmerz scharf durch deine Sinne schießt,

worin ich dir gerinne zur Gestalt,
die dich umschließt als unheilvolle Nacht,
und Panik dich zerreißt mit Pulsgewalt,
voll Abscheu Abwehr neu in dir erwacht:

Dann stopp dein dumpfes Grollen, atme tief,
entlass dein Hadern, deinen düsteren Hass:
vielleicht in deiner Trauer, trotzerbost,

erwachte etwas, das zu dir mich rief?
Dann atme still, sei ohne Angst und lass
mich um dich sein als Traum und sanften Trost!

Im ewigen Jetzt

Ins Damals schwing ich, wenn du mich ereilst,
und umgekehrt reiß ich dich in das Jetzt;
stets Gegenwart ist, wo du mit mir weilst,
du bist's, die mir die Zeiten zart vernetzt.

Nie weiß ich wirklich, wo und wann ich bin,
wenn fern aus Raum und Zeit dein Blick mich trifft:
ob mich ein Traum umfängt, ob wacher Sinn
mich trägt durch hellen Tags Ereignisdrift.

Denn was ich je erlebte neben dir,
mit dir, in dir, aus dir, erleb ich jetzt,
weil noch in mir geschieht, was uns geschah;

und so ist ganz und gar das Heute mir
mit dir, so wie du damals warst, besetzt,
und nichts ist mir wie du so spürbar nah!

3

Besinnungslos

Weißt du es noch? Wir sahen uns oft im Traum,
wo wir uns liebten ohne ein Besinnen.
Sacht streifte uns die Zeit mit weichem Saum;
vor unsrer Lust gab's für uns kein Entrinnen.

Oft wollte ich mit dir aus diesem Traum,
aus dieses Traumes Lust zu dir erwachen,
aus dir zu dir in lichten Tages Raum,
aus unsres Traumes Lust gierigem Rachen.

Und wir erwachten in die Wirklichkeit,
und unsre Lust ließ uns ins Leere fallen;
ich wandte mich erwartungsvoll zu dir:

Du aber warst verschwunden; weit und breit
war Dunkel nur und dumpfer Seufzer Hallen.
Seit Jahren bist du längst verloren mir.

4

Aus reinstem Quell

Auch später sahen wir uns noch oft im Traum,
wo wir dann Lust aus reinstem Quell erlebten;
welch ungeheurer, intensiver Raum,
wo wir zu Gipfeln der Erfüllung strebten,

war dieser Traum, in dem wir trunken in
der Gier des Rauschs besinnungslos versanken,
wo unser Sein zerrann, und aller Sinn
aus unsrer Wollust strömte ohne Schranken.

Wenn dann der Traum versank, und schwindelnd wir
ins Nichts, in schrankenlose Leere sanken,
und tief in mir ich ohne dich erfror,

weil du verschwandst, wusst' ich: wie ich in dir
bleibst du in mir, so dass ich ohne Schwanken
dich, die ich nie verlieren kann, verlor.

Schreitende Gestalt

Ich spür deinen mitreißenden Elan
in jedem deiner Atemzüge schwingen;
und eh du's aussprichst, steht mir, weil ich's ahn,
das, was du denkst und fühlst, mit hellem Klingen

und voll Volumen vor mir in der Luft
und als mentale Macht in meinen Sinnen
und meinem Drängen; alles atmet Duft
aus deinem Wesen, lässt mich Rausch gewinnen.

So ist die Welt von der Gestalt geprägt,
in der du schwingend ihre Gestalt durchschreitest;
dies Schreiten zeigt sich auch von mir beseelt,

weil mich dein Denken durch dein Dürsten trägt,
ich dich begleite, wie du mich begleitest,
weil uns ohne einander alles fehlt.

Stadt der Geisterfeste

Kennst du die Stadt, an der die Fluten nagen,
die hell, ein stolzes Schiff, im Lichte schwimmt,
die ihren Nimbus nährt aus Ruhmestagen,
schwer von Gesängen, wehmutsvoll gestimmt?

Kennst du die Stadt, wo feuchte Mauern klagen,
verfallend seufzen prächtige Paläste,
die Stadt, wo Gondeln manchmal Trauer tragen,
auf dem Kanal im Rausch der Maskenfeste?

Siehst du die Stadt, in der wir starben, ragen,
an Domen reich, Kanälen und Palästen,
wo noch die Ströme unsres Sterbens brennen,

die Stadt, wo unsre Träume Trauer tragen,
wo unser Glühen schwelgt in Geisterfesten,
wo wir uns bei verlorenen Namen nennen?

7

Siehst du mich?

Oft seh ich dich durch meine Räume gehen
und hör dein stilles Lied, dein leises Lachen,
und deine Träume tragen mein Erwachen
zu dir und lassen dich in mir geschehen:

Traumbild, gedrängt, den Trug dir fortzuwehen,
mir die Begierden brennend anzufachen:
doch zwischen dir und mir dein leises Lachen,
und nie erreicht dich mein erschöpftes Flehen.

Sooft du sprichst, ich kann es nicht verstehen,
denn deine Dramen türmen sich zu Dämmen,
und deine Gesten sind für mich Gespenster.

Sag, siehst du mich? Verstehe ich mein Sehen?
Mit deinen Farben mich zu überschwemmen,
öffneten deine Fernen fremde Fenster.

Grausame Neugier

Mit glühender Hand griffst du durch meine Stirn,
bohrtest, begierig auf grandiosen Fund,
dich schraubend, schlängelnd tief in mein Gehirn
und siechtest hin auf seinem Schattengrund.

Du griffst mit scharfem Arm mir in die Brust
und presstest hart mein Herz in deiner Hand,
dann lauschtest du mit unverhohlener Lust,
und im Verlangen bist du bald verbrannt.

Doch hast du mich markiert, mich formatiert,
Festplatte bin ich nun, dem Datenstrom,
aus dir geflutet, steh ich blind bereit.

Doch ist's ein Virus, der, bis ins Atom
mir feindlich, was mich steuert, infiziert
und mich mit dir und mit mir selbst entzweit.

Löwenleidenschaft

In glühender Stunde warn wir uns ganz nah,
als du, Martyrium freudig zu erleiden,
voll Anmut, die der Mob mit Staunen sah,
in die Arena tratst: Festtag uns beiden.

Doch als dein Löwe bangte ich davor,
du könntest angstvoll deinen teuren Glauben
abschwören zuletzt, so dass ich kalt mir schwor:
nichts soll uns dieses Hohen Tags berauben!

Du warst so schön: dein Leib so fest, so schlank,
ich glühte heiß in deinem Augenleuchten,
dein Haar betörte mich mit schwarzem Gleißen.

Da weigerte ich mich, dein Fleisch zu reißen,
mit deines Blutes heiß begehrtem Trank
die Kehle mir, die trockene, zu befeuchten!

Architekten des Schweigens

Dein Groll schuf mein Schweigen, der Architekt
des Prachtbaus, der mich leuchtend umschließt,
erstickend, wie jener Bernstein umhüllt das Insekt
und ihm Unsterblichkeitsstarre erschließt:

Das Schweigen, das mir verborgene Sinne weckt,
in die das wütende Licht deines Weltalls fließt;
gediegene Form, worin die Gestalt versteckt,
in die sich der Glanz deiner Schönheit ergießt.

Dein Schrei schuf mein Schweigen, der Architekt
tristen Tempels, in dem deine feindliche Lust
Skulpturen in Angriffsfront aufgestellt,

die dein Begehren sich träumend erweckt
in unfassbarem Unheilseifer ganz unbewusst,
wie's deinem unergründlichen Sinn gefällt.

11

Trunkenheit

Ich bin so trunken noch aus jenen Tagen,
als dürstend ich in deinem Durst ertrank,
als all mein Wissen schwand, all meine Fragen
in dir zerrannen, ich zerbarst im Dank

ans All für dich. Doch brach in jenen Tagen
auch jenes Monstrum auf, an dem ich krank
seitdem, im Stau der steingewordenen Klagen
um dich und mich, weil unser Lieben sank

in eine einsam eisumschlossene Leere,
substanzlos leer, und doch so schwer, so dicht,
die uns verschweißt im Dunst verschwiegener Gier.

Verwunschen ist, was ich in dir begehre,
was du begehrst in mir. Du schwarzes Licht,
an dem ich sterb, und sterb, wenn ich's verlier.

12

Zusammentreffen

Ich spür, dass du noch lebst. Du bist ganz nah,
du strahlst durch das Gedränge der Gestalten.
Auch du irrst nicht: Ich atme, ich bin da.
Lass uns den Raum, dass wir uns treffen, falten,

bis er berauscht uns zueinander biegt
durch unseres Dursts Gravitationsgewalten;
und wir, eng aneinander dann geschmiegt,
im Brennen der Berührung festgehalten,

lassen uns nicht mehr los; und wenn der Raum
mit Donnern wieder auseinanderschnappt,
dann bleiben dicht wir aneinander haften

und sehen staunend bald: es ist kein Traum,
von dem uns plötzliches Erwachen kappt:
und glücklich lernen wir, Glück zu verkraften.

13

Neuronen-Melodie

Du kennst nicht die Ekstase der Gedanken
an dich, Geliebte, wie sie mein Gehirn
mit Drogen überschwemmen ohne Schranken
und dabei oft ein feindliches Gestirn

darin entzünden, oft mit Dornenranken
verwunschenes Neuronenschloss verwirren
und dumpf in düsteren Labyrinthen kranken,
wo als Gespenster sie verloren irren.

Seit aus dem Blick mir deine Blicke sanken,
ist Nachtklang mir Neuronenmelodie,
voll trübem Glanz, voll Gram, und doch voll Glück;

denn meine wehmutswilden Blicke tranken
aus dir, Phantom, schwingende Euphorie,
und deine Blicke kehrten mir zurück.

Mächtiger Mythos

Mächtiger Mythos: du im blauen Kleid;
die Röte, die aus deinem Fieber flammte,
das rauschend mich verschlang für alle Zeit;
dein Blick, der brennend mich zum Durst verdammte,

durch nichts zu stillen, Durst äonenlang,
der Hitze haucht, kein Eis, um sie zu kühlen,
zu dämmen nur durch steten Gegenklang:
den Durst in dir, unstillbaren, zu fühlen.

Mächtiger Mythos: dein tiefschwarzes Haar,
Ebenholzrausch, feuriger Rabenteer,
Quell blauer Blitze, die mein Blut versengen.

Ein Song aus dir umarmt mich wunderbar:
du, Nachtgesang, schäume mein dunkles Meer
mit deinen saugenden Sirenenklängen!

15

Dein eignes Selbst

Darf ich mit dir, du schöne Frau, mich schmücken,
da du dir einzig selbst doch angehörst?
Darf sich mein Ich mit deinem Ich ausdrücken,
so dass du gern auf diesen Ausdruck schwörst?

Darf ich mit dir, du stolze Frau, mich schmücken,
die du für mich die Welt voll Glanz betörst
und nicht verstimmt mit strafendem Entrücken
im Stolz dich gegen meinen Stolz empörst?

Durch dich hindurch lass eitles Spiel mich treiben,
doch bleib dein eignes Selbst, bleib autonom,
und was ich fühle, sei dir einerlei.

Und auch dein Leib und deine Schönheit bleiben
durch Geistesfreiheit frei bis ins Atom,
und nur in deiner Freiheit bin ich frei.

16

Immer und überall

Ich seh dich immerdar und überall,
weil sich mein Geist aus dir voll Fieber trank;
ich bin von dir erfüllt, so lang, so prall,
von deinem Geist, deiner Gestalt fast krank,

berauscht von dir und deinem Widerhall,
weil deine Schwere in mich niedersank,
obwohl du schwebst, ein Hauch, ein Echoschall,
ein Spieglungsbild, ganz klar und zart und blank.

Ich seh dich überall und immerdar
in Tausenden lichten Gestalten; jede
ist einzigartig, unverwechselbar.

Jede ist du, voll lockender Gefahr,
und jede steht mit mir in tiefster Fehde
und strahlt Vernichtung mir so wunderbar.

Nofretete und Echnaton

Als, Nofretete, du gegangen kamst,
anmutig, elegant und hoheitsvoll,
und reich an Schönheit mir den Atem nahmst,
mir aufging meines künftigen Lebens Soll;

als, Nofretete, mich dein Lächeln fand,
und ich versank in deinem milden Blick,
und mir die Sorge vor der Zukunft schwand,
ich sah: dies Glück ist echt, kein billiger Trick:

Da wusste ich, dass eine Gottheit nur
uns dieses eine All regieren kann,
weil mir dein Wesen Einheit jäh erschloss.

Zu diesem Gott warst du die erste Spur,
dem Gott, der seiner sich in dir entsann
und mir als Sonne durch die Sinne floss.

Warst du es nicht?

Warst du es nicht, der ich begegnet bin?
War's deine Maske nur, die ich mir machte
und mit dir selbst in schräge Deckung brachte,
und so dich mir verbarg von Anbeginn

hinter der Ausgeburt aus meinem Sinn,
dem Riss, mit dem ich dein Gesicht bedachte?
Ist's möglich, dass ich mich aus dir umnachte?
Warst du, eh ich dich ahnte, schon dahin?

Obwohl ich vage, was du bist, erkannte
und dich in Schönheit, Schwung und Anmut sah,
war jäh ein Filter fest um dich gelegt,

so dass mein Blick dich mir aus dir verbannte,
mein böser Traum, der bald in dir geschah,
dich schrill mir darstellt seither unentwegt.

Die Waage

Ich spüre, bleiche Sphinx, wie sich die Frage
zermalmend schwer dir auf die Zunge drängt;
dein Mund jedoch, lippengepresst, beengt,
kann sie nicht formen, bringt sie nicht zutage.

Dann dein Erröten: eine wilde Klage,
weil dich mit hohem Druck zu sprechen drängt,
was drückend Schweigen über dich verhängt;
so bist du festgefesselt in der Waage,

weil keine Schale niedersinken will,
und Sturm in dir muss gegen Sturm anrennen
in einem Streit, der sich in Starre hüllt,

in einem Lärm, der lautlos ist und still.
Ich sehe in der Frage dich verbrennen,
bis dein Verlust mir jede Antwort füllt!

Form um Form

Find ich dich sibyllinisch, salbungsschwer,
wütender Sehnsucht voll; dein Sinnendunst
lähmt mir den Lorbeer; deine scheele Gunst
drosselt mein Herz; mein Hirn gongt glockenleer.

Ich schmelz in deinem siedend heißen Blick,
fließe dahin, zu füllen Form um Form;
doch mündet jeder Guss im Missgeschick,
ich bin Metall von spröd monströser Norm.

Bald schweb ich um dich nur noch als Phantom;
wenn ich dich lassen soll, so segne mich!
Doch drängt, du Trauersatte, tränenschwer,

zu dir mein Denken hin, ein dunkler Strom;
in Spasmen schleudert rau dein Schluchzen dich;
wir ringen um Gestalt: Substanzbegehr.

Mein Ich ist leer

Stromstoß aus deiner Hand; Obsidian
dein Haar, das, Blitz um Blitz, mich attackiert
mit blauer Energie; und aus der Bahn
brechen mir alle Hymnen; Fahrt verliert

mein Augenschwung, der reichbesegelt war;
dein Blick, der tief mich Schicht um Schicht seziert,
was findet er oder was pflanzt er gar
in mir? Du glühst mich aus, und doch: mich friert.

Dein Fieber schraubt mir dein Sirenenlied
durch mein entfesseltes Neuronenmeer,
das rauschgepulst in deinem Rhythmus schäumt.

Dein unbestrittenes Hoheitsgebiet
erstreckt sich tief in mir: mein Ich ist leer,
mit dir sich aufzufüllen ungesäumt.

Ohne wahre Immanenz

Du tickst in Platin, doch mich plagt Titan:
was deinen heißen Kern umhüllt, was mich
fest macht trotz Leichtgewicht, was dich
trotz Glut nicht schmelzen lässt. Doch unser Wahn

ist tief gespalten, sträubt sich Span um Span;
oft, wenn die Leidenschaft dem Leiden glich,
hielt Leidenschaft im Leiden nicht mehr Stich.
Du zwar bliebst platinfest, doch abgetan

bin ich als dein Titan, bin weder leicht
noch fest, bin flackernd stets in sprödem Fluss,
zergeh durch Krusten ohne Konsistenz.

Du saugst mich auf, doch bleibt die Suche seicht
auf deinem Grund; uneben ist mein Guss,
mein Innen ohne wahre Immanenz.

Bilder trogen

Mein Geist ist schwer von dir; das ganze All,
von dir erfüllt ist's, von dir vollgesogen;
sein letztes Licht flammt auf vor seinem Fall
ins Dunkel, dessen dumpfe, schwarze Wogen,

aus dir geflutet, sich mit Donnerhall
in jede Leere stürzen. – Bilder trogen
seit alters her, Gesang war Rauch und Schall;
im Nichts sind solche Schemen längst verflogen:

Um dich zu schaffen, schuf sich Schöpfung neu,
in der dein Dunkel strahlt als helles Gleißen.
Oder bist du's, die sich ein All erschuf?

Erschufst du mich, dass ich an dir mich freu?
Doch warum will schwer in die Dämmrung reißen
mich dein Gewicht, dein dumpfer, dunkler Ruf?

Mit Galaxienschwere

Als Amnesie dich abgeschaltet hatte
und meine Speicher deinem Spruch sich sperrten,
dein Kraftstrom starb nach kochenden Konzerten,
mich stürmte das Gefällige und Glatte,

und meine Wünsche lachten, weiche Watte,
weil nicht mehr wutgepeitscht an ihnen zerrten
die hungrigen Hyänen deiner Härten,
manch Sog mich zog ins Süffige und Satte:

Da warf, weil Vakuum sich füllen musste,
jäh dein Gewicht mit Galaxienschwere
sich über mich ins schwelende Nichtwissen,

zermalmte meinen Kern durch harte Kruste,
schuf schwer ein schwarzes Loch in mir aus Leere,
und deine Macht zwang mich, dich zu vermissen!

Mit feurigem Gesang

Die dunkle Dame Einsamkeit: ich gebe
ihr dein Gesicht und deine Energie;
ich läutre sie mit deinem Licht und webe
in ihren Nebel deine Melodie.

Die dunkle Dame Einsamkeit: ich strebe
in ihren Tiefenrausch, wo dein Genie
mit feurigem Gesang mich grüßt. So lebe
ich froh die Schwingung deiner Phantasie.

Nie wieder schreckt die dunkle Dame mich,
in der dein Wesen sich kristallisiert,
dein Rhythmus wohnt, dein Ruf durch Raum und Zeit.

Ich such die dunkle Dame, finde dich:
du Dunkle, mit dem Diadem verziert
der Einsamkeit im nachtblau dunklen Kleid!

Die Todgeweihte

Es tötet mich. Ich sterb in deinem Sterben,
im heißen Atem deiner Agonie.
Ich schwind in dein Entschwinden, dein Entfärben,
bin Klang in deiner Kosmos-Elegie.

Und doch verschmelz ich froh mit dem Verderben
im Epizentrum der Epiphanie,
den Tod der Tode gern mit dir zu sterben,
umhüllt vom Hymnus herber Harmonie.

Die Wälder, die dich jäh zu sehn begannen
als tragisch Trauernde und Todgeweihte,
stehn schwarz mit mir im Chor zu deinem Kult.

Du kannst mich nicht aus deinem Tod verbannen:
dass ich, nachtschwer, dich in die Nacht begleite,
stärkt mir den Schauder ungesühnter Schuld.

Der Folterkeller

Seit ich dir Schmerz zufügte, ist mir Schmerz
Mimikry, Kleidung, Maske, zweite Haut,
mein Wesen gar. Wie aus Octave, Quinte, Terz
Musik, ist selbst mein Schwung aus Schmerz erbaut.

Seit ich dir Schmerz zufügte, hat mein Herz
die Zwangsgewalt, die dich zersetzt, erschaut,
den Folterkeller, den du, höllenwärts,
bewohnst, wo dicht sich dein Delirium staut

in hohen Wellen, um als Tsunami mich
und meine Dramenpossen fortzuspülen,
mich zu verschlingen, wenn dein Puls erwacht.

Ja, komm! Ich will's! Lass bald, ich bitte dich,
die Energien los, die dich durchwühlen:
reiß mich in deine schmerzfunkelnde Nacht!

Vor Jericho-Posaunen

Wir pilgern jäh in pralle Mitternacht,
   wo Wahngebilde durch die Wildnis wehen,
wo Mythen fiebern mit Verdammungsmacht
und Sternenstürme mächtige Strudel drehen.

O manisch pralle, finstere Mitternacht,
voll Gräberdunst aus mystischem Geschehen,
wo dunkler Priester Chor Verzückung lacht,
vor Jericho-Posaunen Mauern flehen;

wo plötzlich du, Geliebte, Priesterin,
mich feierlich und jenseits-charismatisch,
tief im Gewölk inbrünstiger Gebete

der Göttin weihst aus wilderregtem Sinn,
der Göttin, der ich, trunken und ekstatisch,
beglückt als Opferstier entgegentrete.

Masochismus

Reiß mich in deine dichte Finsternis,
die mich belagert am Gesichtsfeldrand,
in deine Rage, deinen Raubtierbiss;
bleib meine Wunde, wühlend im Verstand.

Gewähr mir Glück, doch ewig ungewiss,
umgib mich rau als ein verwunschenes Land;
sei hin zu dir mein höchstes Hindernis
und meinem Hochmut ein hartpressend Band.

Gib unentwegt mir ärgstes Ärgernis,
für Kampf und für Konflikt sei mir Garant,
ganz wie ich bin der Ruf ins Nichts für dich.

Bleib mir Gefahr, gewürzte Bitternis,
und Segen, in die Faust des Fluchs gespannt:
vor Hoffnungsausgeburten rette mich!

Morgenfrisch

Als ich dich erstmals sah, war Waldesklang
plötzlich in mir; aus Quellen und Moosen stiegst,
aus Laubes Dickicht du empor, und Vogelsang
war hell in dir, obwohl du selber schwiegst;

Geschmack von Beeren ging verführerisch
von deinen Kuss bereiten Lippen aus,
und deine Blicke sangen morgenfrisch;
dein schwarzes Haar, dein Blut voll Sturmgebraus,

das flammend sich als Röte dir ergoss
auf dein Gesicht und deinen Schwanenhals,
erfüllten mit loderndem Feuer mich;

aus deinen bernsteinbraunen Augen floss
mir Rätsel tief um Rätsel zu. Und als
du schwer mein Ich betratst, verwarf ich dich!

Hass und Hohn

Beängstigend in mir ist deine Spur:
sie windet schlingernd sich, oft schwer zu deuten.
Sie ist wie du rebellischer Natur,
scheint schlangengleich sich immer neu zu häuten

im Rhythmus deines Werdens Schritt für Schritt,
sie hält nicht still, ist immerfort auf Tour
in mir und reißt mich schlängelnd-schleudernd mit,
hinein in deinen Aufruhr, Wahnsinn pur.

Und oftmals unvermutet schlägt sie zu
nach Schlangenart, wie dir zumute ist
in blinder Wut, bizarrer Aggression,

und pumpt dein Gift in mich: denn Gift bist du,
seit du durch mich entstellt und elend bist;
drum wütest du in mir voll Hass und Hohn.

Prinz Kalaf vor Turandot

Ich bin besessen, grausam-herbe Turandot,
kenn eines nur: nach deinem Blick zu lechzen,
indes ich gierig schlürfe deinen spröden Spott;
welch Lust, in Rätselmüh vor dir zu ächzen.

Ich hab dein Wissen, habe dich studiert,
kann, Rätsel, dich aus deinen Rätseln lösen.
Welch Rätsellust dein Anblick mir gebiert!
Ich will dich nah, im Guten wie im Bösen:

Lass sinken mich in deinen dunklen Grund;
Lösung ist, dass ich Lösung dir verweigre
und du den Hass zur Höllenhitze schürst.

Dann brenn ich einen Kuss auf deinen Mund,
spür prickelnd dein Gelüst, das ich gewaltig steigre,
und reich das Schwert dir, dass du selbst es führst.

All deine Wellenschläge

Die Pulse deiner Macht versetzen mich
in nie abebbende Erschütterung;
denn meine Sehnsüchte umklammern dich
und trotzen jeglicher Verwitterung.

All deine Wellenschläge steigern sich,
vergebens probe ich Erbitterung;
schon oft in meinem Blut ertränkt' ich dich,
dem gierigen Raubtier Hass zur Fütterung.

Doch Liebe ist's, die tief im Hass gedeiht,
die unzerstörbar Ewig-Herrliche,
die ohne Grenze ist und ohne Frist.

Nicht dass du fern bist mir in Raum und Zeit,
ist schrecklich, nein, das Schrecklich-Herrliche
ist, dass du nah mir, dass du in mir bist.

In der Gruft aus Licht

Wir stehen starr in einem Block aus Glas,
so fest, so dicht, so atemschwer die Luft;
dein Blick so fern, an dem ich einst genas,
und ganz aus hellem Glanz ist unsere Gruft;

doch was ich einst in deinen Augen las,
glüht dort noch immer, dein Narkoseduft
ist immer noch so schwer und ohne Maß;
und sogar was uns trennt, die arge Kluft,

schweißt sicher uns zusammen, Reim an Reim,
und unsre Leidenschaft, niemals verpufft,
ist unzerstörbar, ewiges Edelgas.

Still wachsend tief aus neuem Schöpfungskeim,
steh ich, erstarrt in deinem schweren Duft,
mit dir verstummt in einem Block aus Glas.

Stolz um Stolz

Wie oft sah ich mit hochgerecktem Kinn
dich durch die Stadien meines Stolzes eilen,
sie schmähen und sie fliehen, und all mein Sinn
floh hin mit dir; und deiner Stirn, der steilen,

die mir unnahbar blieb, floss viel Gewinn
aus allen Sphären zu, aus allen Teilen
des Reichs in mir. Doch eil auch ich dahin:
umkreise dich, mein Stern, kann nie verweilen.

Dein hoher Stolz, dein hochgerecktes Kinn
sind mir viel wert, und deiner Stirn, der steilen,
beug ich mich nur zu gern, dem Markenzeichen

für alles, was mich trägt als Lebenssinn;
doch lädt mein Stolz dich ein, still zu verweilen
bei ihm: er will dein wildes Herz erreichen!

In jedem Augenblick

Es stimmt mich heiter, dass wir sterblich sind
und so der Tod mit drohender Gebärde
bewirkt, dass uns Verlust das Sein gewinnt
und wir uns wünschen, dass er uns gefährde

in jedem Augenblick. Im Sehen blind
sind wir: damit aus Blindheit Sehen werde,
gebär Gefährdung Sinn, der Raum gewinnt
am blauen Himmel, auf der rauen Erde.

Einst tief im Durst des Darbens traf ich dich;
aus deinem satten Sog floss mir Beschwerde
fortan; denn dein Verlangen schuf mir Kampf,

den ich verlor; und seitdem hoffe ich
auf die Erfüllung, die im Tod uns werde.
Drängender Trost: er setzt mich unter Dampf.

Voll Lust gepflückt

In meinen Träumen, die wildwuchernd schäumen,
als schwarze Blasen aus Nachtweinen steigen,
ereilt uns oft in luststrudelnden Räumen
der Tod; es ist ein irrer Todesreigen;

in jedem Traum ein Tod, welch düsteres Träumen;
o Todesfrucht von schwarzen Weltallzweigen,
voll Lust gepflückt; und keine Lust, zu säumen,
hinab voll Lust ins ewig finstere Schweigen;

und jeder Tod ist anders, doch voll Süße
sind alle sie, und wir sind im Begehren
von Tod zu Tod voll größerer Heftigkeit.

Wenn ich in dir vergehe, dich begrüße
als dunkle Macht in ewig dunklen Meeren
des Tods, bleibst du ein Traum aus Ewigkeit.

Aus erfüllten Fernen

Es ist der Liebestod, dem wir voll Lust
uns gern ergeben, dessen dunkle Flammen
uns heiß durchglühen, die ganz unbewusst
in uns aufsteigen und aus Tiefen stammen,

in die wir voller Bangen lange nicht
zu tauchen wagten; aber jetzt, bezwungen
von Leidenschaft, die wühlend, Schicht um Schicht
uns dicht durchwuchtet, wir uns engumschlungen

für ewig halten, und das berstende Gewicht
des ganzen Alls mit allen seinen Sternen
auf unsren tragisch trunkenen Sinnen drückt,

schreckt uns das Schwingen in der Tiefe nicht,
weil wir's erfüllen aus erfüllten Fernen:
Berauschung ist's, die uns im Tod beglückt.

Tief aus der Schlucht

Durch deine Blicke hast du mich beflügelt,
dein Strömen durch die Ströme der Sekunden,
in deren Klang du deinen Klang gebunden,
zu teilen ungestüm und ungezügelt.

Doch dein Erklingen blieb mir aus. Erklügelt
hab ich den Sturm des Stroms in stumpfen Stunden,
die Stürme dann nicht mehr in dir gefunden,
die einst im Übermaß mich überflügelt.

Dein Schrei war tief in deine Schlucht gesunken,
ich sank ihm nach, in deiner Sucht verbrannt,
die sonst mir feurig-feindlich zugeneigt.

Doch deine Neige hab ich nicht getrunken,
den Nerv dir aber durch die Nacht gespannt,
tief aus der Schlucht, wo schwer dein Schrei mir
                                    schweigt.

Aus Eis und Glut

Du stehst vor mir hermetisch und heroisch,
gepressten Munds, mit Augen, ganz Metall,
voll Glanz aus Eis und Glut und hartem Schall;
in Starrheit nur ertrag ich dich und stoisch.

Ich fühl mich mystisch, mythisch und minoisch,
verloren in dir vollkommen, dein Vasall,
doch überwind ich nie die Wüste, nie den Wall
aus Zwielicht zwischen dir und mir heroisch.

Mich wandelt Schwäche an, und fast anämisch,
von deines Blicks Metallglanz ausgelaugt,
sink ich in ein verwunschenes Nichts aus Stein.

Da findet Halt mein Hass; und während hämisch
makabre Gier in mir dich in sich saugt,
erfüllst du, Statue, mir mein stummes Sein.

Lebendige Skulptur

Starr, kuppelüberwölbt und hochgespannt,
stehst du im Marmor, stumme Explosion,
Gewalt aus Geist, gebändigter Zyklon,
gefesselt deine Furien, festgebannt.

Du bist ganz Energie, doch stark beengt,
im Innern deines Innern festgepresst,
du duldest nicht, dass du dich gehenlässt,
dass die Gewalt, die dich erfüllt, dich sprengt.

Drum hast du diese Kuppel dir erbaut,
den Sturm zu stauen, der dich steinern macht,
in einem Traum, Triumphdom deiner Kraft;

denn durch Verlorenheit, vor der dir graut,
strömt marmorschwer, ein Meer aus kalter Nacht,
die Stärke, die im Stolz dich neu erschafft.

Seismograph

Das All versank in Einsamkeit und Schweigen,
und ich erstarrte, konnte nicht mehr leben,
begann, mich dir als starres Bild zu zeigen,
steinernes Nichts, nach leerem Nichts zu streben,

das mich vor dir verbirgt in totem Schweigen,
mir wehrt, in deinem Blick mich zu erleben,
der sonst mir schwingt, fein, wie in feinsten Zweigen
der Windhauch zart sich zeigt. Ich kann nur leben,

wenn jeder Nerv in dir mich registriert,
wenn der empfindlich-feinste Seismograph –
du! – wie ein weltumspannendes Erdbeben

den feinsten Seufzer, den ich hauch, notiert,
was in der Apathie, im Neuroschlaf
erlischt, im Wein versinkt aus schwarzen Reben.

Umgeschichtet

Deine Gravitation ist so gewaltig,
dass ich oft stöhnend auseinanderbreche
und meine Trümmerstücke, vielgestaltig
und weit verstreut, verlier; und stockend spreche

ich dann zu dir, vielstimmig, tausendfaltig,
du aber hörst nicht, höhnst nur meiner Schwäche,
und Frust zermürbt mich, fluchgebärdenhaltig,
und mit Zerrüttung zahl ich stumm die Zeche.

Deine Gravitation allein ist in der Lage,
das wieder aufzubauen, was sie vernichtet:
zusammen wieder mir das Ich zu fügen;

schnell ist's getan; doch dann mit einem Schlage
erkenne ich: Du hast mich umgeschichtet,
doch dir und mir zu herbem Ungenügen!

44

Vermiss ich dich

Manchmal, wenn ich dich seh, vermiss ich dich
in dir; dein Blick, der dann vor Kälte klirrt,
durchbohrt mich dann und meint dennoch nicht mich
und irrt oft ab, weil er in mir sich irrt;

und ich, verwaist, verstört, ergründe dich
vergebens, und dein Geist verliert verwirrt
in Fernen sich, und ich verliere mich
in deinem fernen Blick, der ruhelos schwirrt

in scheelem Schwirren, doch du findest dich
vor lauter Leere nicht, weit abgeirrt;
und ich, in Leere, find in dir nicht mich:

du hast dich fort von mir in dir verwirrt.
Doch bald mit neuem Blick erweck ich dich:
und neu erblickst du, neu entdeckst du mich.

Dann tratst du ein

Weil ich dich sehen wollte, schlief ich nicht,
schlief viele lange Nächte nicht mehr, schlief
gefühlte Jahre nicht voll Zeitgewicht,
da drängtest du zu mir, so dicht wie nie.

Weil ich dich hören wollte, schlief ich nicht,
und mein Wachbleiben wurde wirkungstief;
schwer wuchs dein Leib, erwachte dein Gesicht,
floss deiner Stimme ferne Melodie.

Weil ich dich spüren wollte, schlief ich nicht;
dein Werden, das in meinem Wachen schlief,
hielt mich am Leben, hielt in Spannung mich.

Dann tratst du ein, gehüllt in goldenes Licht,
dein Blick ein bitterer Trank so traurig tief;
welch Glück: zu sehn, zu hörn, zu schmecken dich!

Als blühender Traum

Als edle Blumenzwiebel ruhtest du
im Urgrund meines ungefügen Lebens;
ich spürte dich, doch bliebst du mir tabu,
zu wecken dich hätt ich versucht vergebens.

Du brauchtest Tiefenschlaf und dunkle Ruh
in Nachtverhüllung des Nach-Sonne-Strebens;
ich gab mein Ahnen achtsam nur dazu,
gab dich anheim dem Segen deines Gebens.

Doch Freude packte mich in dem Moment,
als du zu mir durch schwarze Tiefen brachst
und schlicht entfaltet standst als blühender Traum,

in Farben, wie kein Gartenrausch sie kennt,
und als beredt du schweigend zu mir sprachst
und seither mich beherrschst in jedem Raum.

Quadratur des Kreises (I)

Dich nicht zu quälen, ist die Quadratur
des Kreises, der nie ganz Gestalt erlangt;
und seine Turbulenz drängt meine Tour
in deinen Nebel, der durch Nächte rankt,

die uns umkreisen; deren Schwungruptur
beständig Nahrung für das Nichts verlangt
aus unsren tristen Träumen, als Tortur
auf deinen Sinnen lastend, sakrosankt.

Als Quell der Qual für dich will ich versiegen,
will dir in Feuerfarben fruchtbar sein
und alle deine Dramen auf mich ziehen

und mich beschwingt in ihre Mitte schmiegen:
dann schwenkt die Kreisbahn in sich selber ein,
dann schwingen wir in Sphärenharmonien.

In deiner Schwerkraft

Schmerz fasziniert mich, und unausrottbar
ist mir der Drang nach alten, tiefen Wunden;
durch dieses Drängen bin ich Jahr um Jahr
unlösbar deinem Höllenkreis verbunden

und leb in Schwermut schwelgend wunderbar:
durch deine Schwere mag das Sein mir munden;
dein bitteres Bleiben bringe mir Gefahr,
bring Abbruch aberwitzigem Turm der Stunden.

Weil du mir ewig offene Wunde bist,
ist's deine Schwerkraft, die mich in dich presst,
in deinen Schmerz: eisiges Hochplateau,

wo dein Erklingen fast erfroren ist
und klirrend nur noch klingt zum Gletscherfest,
doch dieses Klangs voll Klage bin ich froh.

Aus Tangotrauer

Trotziger Tango braust in unsrer Brunst,
die durch Triumphtristesse uns tragisch trägt,
wo deines Körpers Fieberflammendunst
aus meinem Abgrund ahnend Funken schlägt.

Und dein Gesicht grollt unbewegt mir Gunst,
dein Blick, Skepsis-berauscht, der kühl mich wägt,
in eleganter, traumkristallener Kunst
die Arithmetik unsrer Schritte schrägt.

Du trunkener Tanz voll rätselndem Kalkül,
der tief mich schleudert ins Spiral der Spannung
und durch die Trichter meiner Träume drängt!

Lass uns gelingen glänzend im Gewühl,
wo unser Vollrausch in Verstandsverbannung
aus Tangotrauer Trank des Trugs empfängt!

50

Dein helles Licht

Bin ich bei dir, zermalmt mich dein Gewicht,
zerfetzen mich die Stürme deiner Leere,
schmilzt all mein Sein dahin in deinem Licht,
so dass ich nur dein Dunkel noch begehre.

Bin ich bei dir, bist du unendlich dicht,
und ich, gelähmt und starr in schwarzer Schwere,
fühl als Substanz mich, die zusammenbricht,
bis ich im kleinsten Punkt mich selbst verzehre.

Bin ich bei dir, kann ich dich nicht mehr sehen,
weil ich, geblendet, deiner Kraft zu nah,
die fest mich staucht und pressend mich umhüllt.

Lass Ferne mich gewinnen, lass mich gehen:
schau ich mit Abstand dich, ist alles da,
was dich mir reich mit Wirklichkeit erfüllt.

Verfremdung

Aus deiner Hand ist deine Hand geglitten,
dein Antlitz löste von sich selbst sich los;
dein Blick ist tief mit deinem Blick zerstritten,
und deine Größe ist sich selbst zu groß.

Dein Wesen hat den Weg dir abgeschnitten,
der in dich führt; du fühlst dich seltsam schwach
vor deinem Ich, verschlossen deinen Bitten,
und fiebrig hältst du, was dir feindlich, wach.

Schutzlos stehst du vor dir, vor jedem Stoß
aus deinem Innern, das dich irritiert,
seit ich, der Fremde, dich verfremdet habe.

Sei du dir Chance, bleib ich auch chancenlos:
dein Geist ist's, der dir Gleichmut generiert;
doch mich in deinem Stolz aus Stahl begrabe!

Justinian an Theodora

Einst in Byzanz schon hatte es begonnen,
dass die Magie sich deinen Mustern fügte
und nur Totalität dir noch genügte,
und dich verschlang das Licht von dunklen Sonnen.

Mein Glück war einzig ganz in dir geronnen,
als ich schlafwandlerisch den Weltgrund pflügte
für dich, die oft den Gang des Pflugs mir rügte;
und nur gewann ich, wenn ich dich gewonnen.

Und du erzeugtest schwere Wogen gegen
die Finsternis und ihre Fäulnisfluten,
oft gegen meine Furcht in eisiger Front:

fast Feindschaft war für mich dein schroffer Segen;
dein Blut, bereit, schwarz durch mein Blut zu bluten,
erschloss mir den Ereignishorizont.

Ewigkeit der Pharaonen

In Mutationen und in Metastasen
durchdringst du mich: im Wuchern deiner Wunden;
du bist Phalanx, und in komplexen Phasen
stürmst du die Krater meiner stumpfen Stunden.

In deinen Augen, starr gestauchten Vasen,
stehen herbe Blicke, brennend mir gebunden,
machtvolle Blumen aus Magma-Ekstasen,
doch ihre Blüten sind im Schmerz geschunden

und schleudern mich in fiebrige Fusionen,
umhüllen mich monströs mit Mumienbinden
und fluten mich mit Hauch aus finsterer Hitze.

Ich schlürf die Ewigkeit der Pharaonen
in dir, du Grab aus abgestorbenen Rinden,
wo ich im Schlamm verdorbener Schwüre schwitze.

Sternverschworen

Teilst du mit mir den Pyramidenschlaf,
den Schlaf aus Stein, der uns die Stirnen presst,
der ewig Blut und Blick verharren lässt,
weil ein Betäubungsstrahl uns kosmisch traf?

Klang der Ekstase: Ewigkeitsgenuss,
Traumwelt des Todes, die uns hält in Trance;
steinerne Ströme geben uns Balance,
und fern im Feuer seufzt der Sirius.

Bald wird uns Pyramidenschlaf gebären,
durch steinerne Choräle Kraft uns hauchen,
zur Mumiengemeinschaft, sternverschworen.

Komm, segeln wir die Barke durch die Sphären,
auch wenn sie kentert und die Kerzen rauchen,
das Licht versiegt, in kalter Lust erfroren.

Aus bitterer Heiterkeit

Durch Galaxien sehe ich dich gleiten
in furioser Fassungslosigkeit;
ich hör, wie sich um dich die Sterne streiten,
aus heiserer Lunge Leere nach dir schreit.

Und wuchtig zerrst du mich durch zähe Weiten,
wo Nacht uns hohl umschwebt in finsterem Kleid;
aus deinen Längengraden, deinen Breiten
stampfst Stürme du, gedankenlastbefreit.

Du schlürfst den Sonnenglanz, dich zu geleiten
durch schwarzen Weltalleises starren Schneid,
errichtest Wälle dir aus Strahlenwind,

baust dir zum Kampfstern Zorn und öde Zeiten;
streust Gammablitze bitterer Heiterkeit
ins Endzeitstammeln, ausgezehrt und blind.

Anschauen ohne Hass
(Mutterstern I)

Willst du mit mir den Mutterstern besuchen,
aus dem wir beide stammen? Bitte, lass
beim Herrn des Alls uns froh die Reise buchen,
lass uns einander anschaun ohne Hass.

Ich weiß, du würdest gerne mich verfluchen,
weil ich mein Inneres dir verschloss, doch was
hättst außer Kargheit du dort wollen suchen?
Nun stell ich gern dir aus den Reisepass,

das Ticket, das uns öffnet Himmelsgleise
zur Mutter, die uns heilt und uns erhebt;
und alle Wüsten sind jetzt regennass

in uns, an Früchten reich, an Geistesspeise,
sie blühn, wie's uns die Mutter einst erstrebt,
sie blühn, frisch duftend ohne Unterlass.

Und immer mit Gesang
(Mutterstern II)

So starten wir. Die Sterne warten schon.
Zur Reise streifen wir die Leiber ab.
Der Kosmos schwingt im eigenen Kammerton;
drauf reiten wir, rüstiger Weltraumtrab,

sind bald am Ziel: niemals erhoffter Lohn;
auch ging es abwärts, stets die Schlucht hinab,
und immer mit Gesang (in lockerem Ton?);
doch niemals machten unsere Kräfte schlapp.

Hörst du, Geliebte, diese Leere heulen
und diese Tiefe, diese Einsamkeit,
wo hohle Augen starren, Ängste glühen?

Ahnst du jetzt, wo wir sind? Die Riesensäulen
aus Staub sind leuchtend um uns, und die Zeit
ächzt tief im Grab, wo künftige Morgen frühen.

Dies Nichts ist ihr Gesicht
(Mutterstern III)

Dann fragst du flüsternd, wo die Mutter sei,
die uns erbrütet einst. Weißt du es nicht?
Seit langem ist die Mutter von uns frei
und von sich selbst wie wir von ihr; das Licht,

das aus ihr floss, erlosch, jedoch ihr Schrei,
den einst sie ausstieß, unendliches Gedicht,
hallt in der Leere nach, der Wüstenei
des Nichts, denn sieh: dies Nichts ist ihr Gesicht.

Dort, wo die Mutter einst in mächtiger Flut
sich selbst verströmte, da gähnt Leere nun,
nur ihre ewigen Träume schweben noch

an dieser Stelle, und ihr ewiger Mut,
ein ewiger Schatz, vor dem wir schwer uns tun,
ist wach. Spürst du's? Dich lockt das schwarze Loch?

59

Du bist die Wissende
(Mutterstern IV)

Du kennst das alles längst; ich hab's von dir.
Du bist die Ahnende, nur: Amnesie
kam über dich, und sie verdankst du mir:
Trank des Vergessens, Trübungsmelodie

sind Trug aus mir, und in Vernichtungsgier
schuf ich dir schwarze Schmermutssymphonie:
ich stieß, voll Sorge, dass ich dich verlier,
bliebst du lebendig, dich in Lähmungsapathie.

Doch ich ertrugs nicht, und die Schuld, ganz mein,
schlug gegen mich millionenfach zurück,
und Fluch-Choräle quälten mich voll Hohn.

Die Fahrt zur Mutter soll dir Heilung sein;
ich selber hoffe auf Entsagungsglück:
dich stark zu sehen ist mein stolzer Lohn.

60

Bin ich's?

Bin ich's, der zu erfüllen dich vermag
mit stillem Leuchten und beständigem Sinnen?
Bin ich's, der dir den schwarzen Sternentag
in alle Glieder zaubern kann und binnen

Sekunden Feuersbrunst mit einem Schlag
aus Eis dir flammt? Bin ich's, dir zu gewinnen
aus dunkler Leere Fülle, Licht-Ertrag
aus ewigem Nichts und Ewigkeitszerrinnen?

Bin ich's, der dir den gnadenlosen Blick
mit hell aufflammendem Polarlicht füllt,
das wabernd wogt in Fieberfarbenschleiern?

Bin ich's, der weben darf dir ein Geschick
voll zarter Güte, die dich bergend hüllt
in die Musik ewiger Morgenfeiern?

Welches Wesen?

Oft frag ich mich: was ist Identität?
Denn sag ich du zu dir, wer hört mich dann?
Welch Ich ist dieses Du? Zwietracht gesät
ist schnell in dir, in mir; und dann und wann

drängt sich ein Ich nach vorn, stark aufgebläht,
schlägt dich aus mir, schlägt mich aus dir in Bann,
und oft, wenn man's durchschaut, ist's schon zu spät;
drum: wenn ich dich mal nicht erkennen kann

als jene, die in dir ich kenn schon lang,
dann will ich sie, die grad in dir erscheint,
nicht gleich als fremd verteufeln übereilt:

dann bin vielleicht, trotz meiner Stimme Klang,
wenn ich ich sage, gar nicht ich gemeint,
ich, der dich kennt, der grad nicht in mir weilt.

Dein Selbst?

Vor deinem Bild, das mich wie ein Gespenst
heimsucht zu allen Zeiten, überall,
rett mich, indem von ihm du scharf dich trennst,
mir beibringst, wer du bist, den Trugbefall

aus mir (dein Zerrbild, das du nicht erkennst
als dein ureigenes Selbst in deinem All,
dein Pseudo-Ich in mir) beim Namen nennst
und von dir stößt, nach dem Zusammenprall

mich frisch umarmst, damit ich fühlen kann,
ob jener Rausch, in dem du mich verbrennst,
dir oder deinem Bilde innewohnt,

und ob, wenn du begeistert mich bekennst,
und ich mich sonnen darf in deinem Bann,
du selbst es bist und Echtheit uns belohnt.

Die Andere in dir

In dem Gemenge der Gedanken, die
als Sturm dich hinter deiner Stirn bedrängen,
wo Flut aus Fieberhitze deinen Zwängen
die höhere Weihe gibt: erkennst du sie,

die selbst sich deinem Selbst ergibt, doch nie
sich selbst aufgibt, die in den schrillsten Klängen
dir überfließt, die von den höchsten Rängen
sich selber spielen sieht voll Ich-Manie?

Erkennst du sie? Wenn nicht, bist du noch nicht
genug mit dir, mit deinem Ich entzweit.
Doch bald, bist du genügend außer dir,

bezwingt dich, die aus deiner Tiefe bricht,
dich gar als Ich aus deinem Ich befreit,
gewinnt sie dich, an die ich dich verlier.

Mit Mondeswissen

Du bist's, die mich zur Damaszenerklinge,
die biegsam blitzt und federnd zustößt, formt.
Du bist's, die stets mich treibt, damit ich dringe
in nie Gedachtes vor, frei, nie genormt.

Du bist's, die drängt, mein Feuer aufzustauen,
mit ihm zu schmelzen manche Nacht aus Eis.
Du bist's, die hilft, Luftschlösser mir zu bauen
und froh mit mir sie zu bewohnen weiß.

Du bist's, die unentwegt mein Sphärenschwingen
mit Mondeswissen wirksam moduliert
und mild als Tiefenströmung mich durchdringt.

Du bist's, die schwungvoll pflegt mit mir zu ringen
voll Daseinskraft, mein Denken transponiert
in Fülle des Gefühls, das uns verschlingt.

65

Voll Schönheit

Gern nenn ich dich Herrin des goldenen Schnitts,
der überall dort ist, wo Schönheit ist:
weil du voll Schönheit bist, wie Blume, Blitz
und Baum, stets Freundin aller Dinge bist

voll Schönheit; selbst die Welt der Bytes und Bits
gehört ganz dir, weil sie voll Schönheit ist,
und was voll Schönheit ist, ist dein Besitz,
ganz so, wie du Besitz der Schönheit bist.

Die Pferde, die du liebst mit Geist und Sinn,
sie lieben dich, weil sie voll Schönheit sind,
feurige Meisterin vollkommenen Ritts:

Denn was voll Schönheit ist, ist dein Gewinn,
ganz wie die Schönheit selbst durch dich gewinnt,
du schöne Magierin des goldenen Schnitts.

66

Über die Schranke

Wer bist du? Existierst du? Wo und wie?
In Träumen spür ich deinen Atem, deine Haut,
dein Fleisch, dein Beben unter meiner Hand,
spür, wie du dich aufbäumst in der Ekstase,

spür deine Hände, die wild nach mir tasten
und doch nach etwas greifen, das uns übersteigt,
und höre deine Schreie, die du schleuderst in
die aufgewühlte Nacht, die horcht und schweigt

vor solcher Leidenschaft. Doch sind dein Leib
und deine Lust die Schranke, die dein Wesen
mich zu erreichen hindert. Nur das Licht

in deinen Augen hilft dir, ab und an
den Wall des Animalischen voll Wucht
für kostbare Momente zu durchtunneln.

Ich kenne dich nicht

Du, ewig Fremde, ewig Unbekannte,
entsteigst dem Mohn, entfesselst Nachtgewalt,
rauschst im Phönix-Gefieder, das verbrannte,
doch neu erstand zu leuchtender Gestalt;

du flutest durch die Träume der Vulkane,
Drang im Delirium, im Magma-Rausch;
du schaffst voll Schwung dem Schöpferruf Organe,
entquillst dem Quanten-Energieaustausch.

Ich kenn dich nicht, ich hab dich nie gekannt,
doch lass den Quellcode jetzt mich kennenlernen
der Fremdheit, die in deinem Blick sich staut

und fremd bleibt, mich erfrischt und straff mich spannt
inmitten deiner magisch dunklen Fernen:
und nur als Fremde bleibst du mir vertraut!

Vertraute Fremde

Denn was ich wissen muss, erzählt sich mir
von selbst, so dass ich nie dich fragen muss
nach dem Entscheidenden. Aus *einem* Guss
bist du, bist immer ganz, obwohl in dir

so viele sind; denn völlig gleich, wer mir
aus dir begegnet: immer ist's Genuss,
ist's Glück, der herben Harmonien Fluss,
denn du bist's stets, sie alle sind's, dank dir.

Dies ist der Grund, weshalb du ganz und gar
mir fremd sein kannst und bleiben, fremdbetont;
und weil dies Fremde, das sich zeigt in dir,

weil es in dir sich zeigt, so wunderbar
zu dem sich wandelt, was in mir schon wohnt:
drum findest du durchs Fremdsein doch zu mir.

Mein neues Bild?

Bin ich Narziss, der stumm in Nacht versank
und ohne Spur sein Spiegelbild verlor,
das Trank und Trost für ihn und Tür und Tor
zur Labsal zweifelhaft und ohne Dank,

der krumm ist ohne dieses Bild und krank?
Die Augenweide, die er sich erkor:
sein Ich, sein Selbst, sein sicherer Sinnenflor,
wo seine Bleibe war berauschend blank:

vergeht sie endlich ihm bei neuem Licht?
Bist du mein neues Licht, jäh aufgeblitzt,
zwar spröde gern und doch in offenem Spiel?

Find ich zum Spiegel hin den Ausgang nicht,
aus dem als Bild du mir entgegentrittst,
doch längst zerstört, mein zornig zartes Ziel?

Ich finde dich

Wo du dich auch verbergen magst, ich finde
dich jederzeit in jeglicher Gestalt:
im saftigen Harzstrom unter weicher Rinde
ahne ich dich; im nächtlich finsteren Wald,

wo tief im Dickicht, rätseltraumverloren,
so manche Blume schwarzrauschglänzend blüht;
ich sehe fern dich in verwunschenen Mooren,
wo lockend blau dein Geist im Irrlicht glüht.

Ich hör dich schrill in irren Melodien,
auf deren Schwingen du mich rau umschwebst
und um mich wirbelst, bis mich Wahnsinn trifft;

auch glänzt du klar in Sternenharmonien,
wo du streng-spröde deine Kälte lebst,
wie mir geweissagt ist aus alter Schrift.

Ich spüre deine Spur

Aus alten Texten schaff ich mir Tortur:
find ich dich sonst nicht, finde ich dich dort,
ich wringe unermüdlich Wort um Wort;
in alten Sprachen spür ich deine Spur,

wo Nacht uns nährt aus nebliger Natur;
in Rätselformeln form ich deinen Ort,
doch schau ich schärfer, schwindest du sofort;
zu schweigen war mein feierlicher Schwur,

bis ich dich fände in der Schlucht der Schrift;
doch bleibt mir diese vage und verhüllt,
voll Geisterschemen am Gesichtsfeldrand;

direkte Sicht spürt oft mein Geist als Gift,
denn Zwielicht bleibt, wo sich mein Ziel erfüllt;
und auch dein Name werde nie genannt.

Bei deinen Namen

Du hattst dir selber treu zu sein geschworen,
in Treue mir treuherzig zugewandt;
weit offen standen alle deine Poren,
und längst verloren gab dich dein Verstand.

Ich trotzte deiner Treue unverfroren,
war längst im Innern tausendfach verbrannt;
in deinen Klonen bleib ich klamm verloren
und stammle deinen Namen, nie genannt.

Bei deinen Namen will ich dich beschwören,
doch ein Gebirge sind sie aus Basalt,
sie zu bewegen hab ich nicht die Zunge.

Wie können wir einander noch betören?
Gesprungen vielfach ist uns die Gestalt,
und unser Schrei zerfällt schon in der Lunge.

Ferne Lust

Du bist so fern, doch fühl ich deine Lust,
die mörderisch durch berstende Membranen
in meine Nacht sich brennt auf dunklen Bahnen,
worin verloren du verenden musst.

Hörst du das Stampfen hinter meiner Stirn?
Es stammt aus dir: Ein Sturm aus deinen Stürmen,
Triumph gewinnend steil geschauten Türmen,
zermartert und zermalmt mir das Gehirn.

Der Kataklysmus deiner Konvulsionen
setzt Rausch aus finsteren Rhythmen in mir frei,
in dumpfen Strudeln wühlt dein irres Stöhnen.

Du saugst dich durch die schärfsten Sensationen
ins Schmelzen, mich in einem letzten Schrei
verglühend aus dem Abgrund zu verhöhnen.

Fremdes Feuer

Dein Fieber lässt in mir die Felsen schmelzen,
von ödem Frust mir schroff ins Fleisch gebaut;
und immer, wenn das Blei des Morgens graut,
fühl ich Geröll schwer durch mein Blut sich wälzen.

Und mühsam stemmt sich hoch mein Geist auf Stelzen,
glaubt, dass von Gipfeln er ins Weite schaut,
und torkelt schwer, meint, dass er Weisheit kaut,
und speit verdrossen aus: es sind nur Spelzen.

Dein Fieber brennt in deinem wilden Blick,
nur frag ich mich: entflammt aus welchem Feuer?
Und neue Felsen baut mir neuer Frust.

Und durch Tiraden takelt mir mein Tick
den starren Geist zum Stelzenungeheuer,
blind im Belauern deiner blinden Lust.

Eisiger Hauch

Dort, wo die Mutter ist, mag ich nicht sein,
doch sie ist hier, denn sie ist überall;
durchs Weltall pulst ihr ewiger Widerhall,
sie flüstert zischend: „Sei in mir! Bleib mein!"

Dies Flüstern schäumt mir scharf durch Mark und Bein,
und mit den „Müttern" tanz ich Maskenball
und löse leicht mich auf von Fall zu Fall,
und neu Gestalt gewinn ich nur zum Schein.

Und sogar du, die ich Geliebte nenne,
kannst mütterlich monströs und mächtig sein:
dann fesselt mich ein fernvertrauter Klang,

drängt mich durch Höhlendunst zum Opfergang,
zur Großen Mutter, Geistgewalt aus Stein,
in deren Hungerhauch ich hassend brenne.

Ich selber gab den Stab dir

Ich selber gab den Stab dir, den du brachst
mit Abscheu und mit Abwehr über mir;
auch das Verdammungsurteil, das du sprachst
über mein Wesen, suggeriert' ich dir.

Von dir als der, der ich nicht war, begehrt,
liebte ich als dir Unfassbarer dich
und machte bald mich dir verdammenswert,
da ich dem, den du liebtest, nicht mehr glich.

Ich konnte nicht, der ich dir schien, mehr sein
und konnte dir nicht werden, der ich bin,
so dass ich nichts für dich zu sein beschloss,

was mir aus dir verwehrt, dir ich zu sein,
und mich entfernt von meinem inneren Sinn:
und ich bejahte, dass es dich verdross.

Als schwarzer Schwan

Vollmonde sah ich, dir zur Vollmacht, kommen,
den wilden Pan sich deiner Wehmut neigen;
die Syrinx schluchzen hört ich, oder Schweigen
fand ich, aus deinem dunklen Grab genommen.

Du warst im Funkelnden und warst im Frommen,
du konntest schwungvoll, konntest schwach dich zeigen;
was dich ereilte, wurde ganz dir eigen,
dein Klang war dir aus düstrer Kluft gekommen.

Du schwebst als schwarzer Schwan in meinem
                                    Schweigen,
treibst bitteren Sprung des Geists in meine Sprache;
und jedes Ding, als hättest du's geschaffen,

kann dich als Kraft in seinem Kern mir zeigen,
in voller Blüte oder karger Brache;
du Waffenlose mit den schärfsten Waffen!

Alle deine Spuren

Springbrunnen lass mich sein, um deinem Sprühen
Gestalt, graziöse Kraft und Glanz zu geben;
in feurigen Fontänen sollst du leben,
flüssiges Licht aus flammendem Verglühen.

Auf meinen Schalen sollst du schwungvoll blühen,
in schwerelosen Schemen schimmernd schweben,
in trunkenem Tanz aus Träumen dich erheben;
sei leicht und licht, lass mir die Last der Mühen.

Im weißen Marmor will ich dir erstrahlen,
im Traumtanz meiner tändelnden Skulpturen,
wenn du hell sprudelnd rauschst aus allen Röhren.

Sprüh Glanz mir von Smaragden und Opalen,
indes ich speichre alle deine Spuren,
die brausend in der Tiefe mich betören.

Im Fluch gesegnet

Am dunklen Ufersaum des Acheron –
träumte ich kürzlich – war ich dir begegnet;
die Wolken hingen tief und schwer, und von
der andren Seite, kalt und nass verregnet

und brandgesäumt, ekliger Eiterschlund,
drohte der Hades, drohte Höllendunst;
Charon stand abseits mit gepresstem Mund.
In deinem Blick brütete wilde Brunst.

„Die Hölle lädt uns ein, wo ich mit dir",
so sagte ich, „fester verschmelzen kann,
als jemals, seit wir erstmals uns begegnet."

Dein Blick war Glut: „Solch Hölle lob ich mir
und lobe mir solch Bösen finsteren Bann!
Verflucht, sind wir zutiefst im Fluch gesegnet!"

In Höhlen

Was flüsterst du, was stöhnst du schwer im Schlaf?
Siehst du die Schiffe unsrer Träume treiben,
sich fern auf einem Meer aus Stein zerreiben
in Stürmen, die du aus der Starre riefst?

Als ich dich in Verwandlungswirren traf
und ahnte, dass ich deine Krämpfe wage,
brach Sturm aus Stacheldraht aus deiner Klage
wonach du mir aus allen Rudern liefst.

Und unsre Schiffe, schlafgetrieben, laufen
tief in Kristallgebirgen auf den Grund,
wo ich dich, traumschwer in Turbinengrotten,

hintreiben sehe durch Skulpturentraufen:
du tropfst in Höhlen durch den Zeitenmund,
so kannst du rinnend, sprießend meiner spotten.

Du bist stärker

Natur hat neu ins Auge dich gefasst
auf höherer Ebene von Raum und Zeit,
damit du bleibst, weil du die Gabe hast
der Allumarmung, die das Sein befreit.

Ganz tief in dir besitzt du einen Kern,
der still noch ist, noch schläft, ein Samenkorn,
in dich gepflanzt: Essenz aus deinem Stern
für einen neuen Kosmos; doch ein Dorn

bist du im Aug der Tiefe, fremd und fern.
Nur: du bist stärker und bist tiefer noch:
Der Kern in dir ist Licht und Liebeskeim,

und du bist überall und bald ein Stern
voll Poesie; leicht ist dein lichtes Joch:
so will's Natur, Klang und Erfüllungs-Reim.

Schwebender Palast

Übers Gebirge gleitet ein Palast
auf sanften Wellen sinnenfrohen Lichts,
fließt aus dem Nichts und drängt zurück ins Nichts,
und im Gesang genießt er träumend Rast

auf schlichtem Largo, frei von schwerer Last,
doch mit der Fülle geistigen Gewichts,
voll Lockung deines lieblichen Gesichts,
das über Gletschern schwebt im fernen Glast.

Weil der Palast dir hohe Heimat ist,
in stetem Sein wie du und Nichtsein schwingt,
ist er Kristall und leerer Widerhall.

Wer ihn erblickt, wer in ihm wohnt, ermisst,
wohin er treibt, wie tief er uns durchdringt,
als Paradies, als praller Sündenfall.

Bist du es?

B ist wirklich du es, die ich sehe, wenn
ich dich betrachte? Oder sehe ich jene,
nach der verstört ich mich vergeblich sehne,
weil sie nicht in dir ist, die ich nur kenn

aus mir, in deren Feuersturm ich brenn,
die mir abgründig abräumt jede Szene
voll Raserei, dass ich mich gegen dich auflehne
in ihrem festen Griff, voll Schauder? Denn

ich lernte nie dich kennen, weil ihr Zwang,
der sie zu dir mir machte, dich erbost
ins Nichts verbannte, das dich nie entließ.

Sie ist so finster, und mein finsterer Drang
sucht sie in dir statt deiner, ohne Trost,
voll Furcht, weil sie dich mir aus dir verstieß.

Im Dauerrauschen

So intensiv ich dich imaginiere,
bleibst du doch Zerrbild in der Zwischenwelt,
den Energien im Erinnerungsfeld
verwirrt verquickt; doch ich intensiviere

deinen Introitus. Du, Teure, interveniere,
wenn im Gebaren dich mein Geist entstellt,
dich starr in meinem stummen Schatten hält,
wenn oszillierend ich dich okkupiere.

Du fluktuierst in flackernden Frequenzen,
bis du im Dauerrauschen dich verlierst,
nur ab und an pulsierst du plötzlich plastisch;

doch intrigieren schnell Interferenzen
im Grundbassdröhnen, das du generierst,
und deine Spur, dein Bild zerflattern spastisch.

In Spaltungspein

Wohin verschwandest du? Wer blieb zurück
in dir, als ich erloschen dich erblickte?
Als ob Erschütterung dich in dir erstickte,
weil du nicht glauben konntest jenem Glück,

das dir dein andres Ich als Dramenstück
vorführte, dich in Spaltungspein verquickte,
leicht lächelnd dir durch dumpfe Dünste nickte
und schwindend dich in Schwermut ließ zurück.

Hast du als Traum dich von dir selbst getrennt,
der dir das Wollen aus dem Wesen riss,
als Traum, der bös aus meinem Trug aufstieg?

Sprich: welchem Ich bleib ich noch immanent
in dir? Welch Du in dir ist mir gewiss,
das gern mich schmeckt, wenn ich mich in dich schmieg?

Du bist so schwer zu lesen

In deinen intensiven Intervallen
durch deinen Daseinsdrang von Sprung zu Sprung
bin ich gefangen. Schwand mein einstiger Schwung?
War ich dein Engel? Bin ich jetzt gefallen?

Sind meine Rhythmen nur noch leeres Lallen,
nur hohles Keuchen noch mein hoher Klang?
Zerrtest du mich in deinen wilden Zwang,
als Schrei in deinen Höhlen zu verhallen?

Die Intervalle, die in deinem Wesen
sich von Erlebnis zu Erlebnis spannen
und zwischen deinen Wesenskernen schwingen,

bedrängen mich: du bist so schwer zu lesen;
doch Energie entbrennt, mich blind zu bannen,
in deinen Zauber mich zurück zu zwingen.

Durch Sturz ins Stumme

Wolltst du mich halten dir als Spruchtitan,
der jedes Ohr berauschend blind betört,
der leicht mit lärmendem Legendenkahn
Erstaunen frisch beschwingt heraufbeschwört

auf stolzer Fahrt im Stimmenozean?
Hab ich die eitlen Kreise dir gestört?
Brach ich zu oft aus steiler Blendungsbahn
durch Sturz ins Stumme? Hab ich dich empört,

indem ich dicht gerann zu dunklem Stein,
zur Schwärze, strahlend dir aus Schmachkristall,
die dich erstickte schwer voll Atemlast?

Entglittst du hilflos in Entgrenzungspein
aus Palisadenschall und Plauderwall,
in Redeströme nicht mehr eingepasst?

Zerknirschungswut

In apollinischer Apotheose
wollt ich den Logos dir zu Füßen legen,
auf die Smaragde scharf in deinem Segen:
so floss aus deinem Hymnus mir Hypnose.

Doch waren die Posaunen eitle Pose,
denn deine Pforten konnte ich nicht pflegen,
der Wirbelstürme Wucht an deinen Wegen
nicht bändigen; und die Metamorphose

peilte ich eifrig an voll Narrenkappen,
voll Masken und Grimassen und Grotesken,
und meine Träume blieben Travestien.

Du ließest deine Schlangen nach mir schnappen
im Flammenschein aus deinen Feuerfresken,
und ließest in Zerknirschungswut mich ziehen.

Mein größter Feind

In dir bin ich so intensiv präsent,
dass du entstellt mich wahrnimmst außer dir,
bin dein Geschöpf, das glühend in dir brennt,
du fliehst in dich hinein, fliehst dort zu mir.

Du hast mit mir dein Inneres prall gefüllt,
mich adaptiert zu angestammter Brut,
voll Ausdruck, dass im Außen mich verhüllt
mein Bild, das brodelnd braust in deinem Blut.

Ich komme gegen mich in dir nicht an:
du hast zum Wall mich gegen mich gemacht,
der dicht und undurchdringlich bleibt für mich;
dir nah, bin ich dir fern in kalter Nacht.

Du hast mit mir dich gegen mich vereint,
in dir bin ich mein eigener größter Feind.

Der verhüllte König

Seit ich, dein König, dir den Wunsch erfüllte,
für einen Tag mir Herrscherin zu sein,
und arglos dich in Schmuck und Purpur hüllte,
besitzt du einsam diesen Thron allein.

Ich aber bin der trügerisch dir Verhüllte;
längst nicht mehr König, bleib ich dennoch dein
und bleibe um dich; du, die Unerfüllte,
Trostlose, schwingst tragisch im Sein-Nichtsein,

bist Hülle nur, doch mit mir vollgesogen,
obwohl du dich, dies zu verkennen, mahnst;
du siehst mich nicht, obwohl ich dir ganz nah.

Du herrschst, doch hast du mein Gewicht gewogen
in dir? Bin ich das Unheil, das du ahnst?
Bin ich das Leid, das zwiefach dir geschah?

Vom Licht verzehrt
frei nach Edgar Allan Poe
Ligeia 1

Ligeia leuchtet tief in dir, doch liegst
du keuchend schwer in ihrem kranken Licht;
dein Gruftgewölbe schluchzt im Grabgewicht,
wo du in starren Stürmen sterbend siegst,

dich in das Schweigen schwarzer Lethe schmiegst
und schwelgst in Todestaumels Traumgedicht;
dein starrer Blick vor der Barriere bricht,
die du verlustverwandelt überfliegst.

Was ist's, wonach du dunkle Flammen fragst,
wo du, vom Licht verzehrt, das Licht verzehrst,
dich zu Ligeias Liebe liebend biegst

und ihren Tod in deinem Tod beklagst
und ihren Leib, der dich begehrt, begehrst,
in ihrer Auferstehungswut dich wiegst?

Ich ehr dein Schweigen
Ligeia 2

Lass mich, Ligeia! Lockre deinen Griff,
selbst noch durch Mausoleums-Mauern mächtig!
Die Träume, die du träumst, noch immer trächtig,
Geistdiamanten mit grandiosem Schliff,

lass schweben sie auf schwerelosem Schiff;
Ligeia, lass mich: lang schon übernächtig,
will ich dir trotzen, dir, so todesprächtig,
doch ich zerschell an deinem zarten Riff,

so zart wie du, wie du so stark im Sturm.
O lass mich los, lass mich Rowena lieben!
Ich ehr dein Schweigen, das du in mir schweigst;

doch bohrt dein Blick durch blinden Seherturm:
aus ihm ein Horrorbild ist mir geblieben:
dass du mir schrecklich aus Rowena steigst!

Wie ein schwarzer Blitz
Ligeia 3

Dein Wissen müsste mich in Wahnsinn stürzen,
erfasste ich's; du aber lächelst nur
und sprichst es aus in einem langen Kuss
aus deinem Geist, aus deinem dichten Wesen.

Doch nun, von deinem Wissen überflutet,
das mich ereilte wie ein schwarzer Blitz,
der mich verbrennt, im feinsten Nerv mir schmerzt,
kann ich die Wirklichkeit nicht mehr ertragen

und muss, Ligeia, auch an dir verzweifeln.
Da schaust du wissend mich mit wehem Blick
voll Liebe an und lächelst milde und

kommst über mich in einem zweiten Kuss
und saugst an mir, und alles Wissen schwindet:
unwissend bin ich dir und mir genug.

Erleuchte mich!
Ligeia 4

Ein Logos fand, Ligeia, mich zu schwach,
so dass er mich verstieß, doch sorgend mich
auf dich verwies als mein Gesetz, auf dich,
dich, die ich liebte, hasste tausendfach.

Die Poesie trieb mich zu Wald und Bach
und Lust, die Poesie, die dir so glich,
dir, die mir in der Blüte schon verblich;
du warst mir Logos, Poesie und, ach,

so unbegreiflich; doch ich wollte dich
begreifen und beglücken tausendfach,
dich: mehr als Logos, mehr als Poesie;

ich fand zu dir und fand zu dir doch nie,
und doch bliebst du, obwohl du starbst, mir wach:
drum komm, Ligeia, und erleuchte mich!

Denn du verschlangst mich
Ligeia 5

Du starbst, und Fieber übermannte mich,
verheerendes; bald war ich ausgeglüht,
und bald auch für Rowena reif, die mich
zu lieben scheint, vielleicht, so wie ich sie.

Sie hat jedoch in mir den Leichnam nur,
mein Selbst blieb ganz bei dir und starb mit dir,
denn du verschlangst mich, da ich dich verschlang,
verzehrst mich, der ich mich nach dir verzehr.

So bin ich krank nach dir und mache auch
Rowena krank, die fühlt, wie aussichtslos
sie liebt, obwohl sie meine Liebe fühlt,

die aber tot ist; und so pflege ich
Rowena, in der Hoffnung stark, dass du,
Ligeia, endlich, endlich wiederkehrst!

Muss Leere sein?
Ligeia 6

Hast *du* bewirkt, dass ich Rowena fand,
die seltsam leer ist, ein Gefäß für alles,
was Bleibe braucht? Lieb ich sie deshalb nur,
weil ich dich liebe, nur als Vorgeschmack,

obwohl sie nach dir kam? Du warst mir Fülle,
die berstend und zerstörend mich erfüllte,
mich noch erfüllt. Muss daher Leere sein
jetzt neben mir, dass ich sie füllen kann,

dass *du*, Ligeia, sie mir füllen kannst?
Längst weiß ich, dass du wiederkehren willst,
und weiß: du kannst *zu mir nur* wiederkehren,

und dass du darauf wartest so wie ich!
Da unsre Sehnsucht immer stärker wird:
warum, Ligeia, fand ich dann Rowena?

Voll schwarzer Trauer
Ligeia 7

O deine Stimme, deine wunderbare,
musikbeseelte Stimme, die mich stets
umschwebt, Ligeia: sie ist überall,
in weiten Fernen und in wacher Nähe.

O Stimme, klanggewordener Kosmos,
sie wohnt und wirkt in mir, sie singt und saugt
als dunkle Gambe, die durch Nächte glüht,
sie lockte einst mich tief in deine Seele

und schuf dich mir, als du gestorben warst;
sie brennt durch alle meine Nervenbahnen
und dehnt sich weit mir im gequälten Fleisch.

Sie tröstet mich und raubt mir den Verstand
und pulst in meinem Blut voll schwarzer Trauer
und hofft mit mir, dass du bald wiederkommst.

Von dir auserwählt?
Ligeia 8

War denn Rowena eine Larve nur,
die dir zur sicheren Verpuppung diente,
damit du strahlend mir als Schmetterling
aufflattern könntest aus der schwarzen Nacht?

So gabst *du* mir Rowena? Galt sie *dir*,
bevor du kamst, dich in ihr einzunisten?
War sie nur ein empfangsbereiter Körper,
von deiner Seele längst schon auserwählt?

Doch war sie selbst ein Mensch, gefällig dir
aus unbeholfener, angeborener Schwäche,
und war sie krank durch dich und deinen Schmerz,

dann wehre ich vielleicht mich gegen *dich*
und fühl dich schrecklich mir als Ungeheuer,
so dass ich um *Rowena* trauern muss!

Dass du wiederkommst
Ligeia 9

In deinem Schweigen warst du so beredt,
wie wenn du sprachst; denn dieses Schweigen war
das Negativbild deines Sprechens nur,
vom Abdruck deiner Worte stark durchglüht;

erlebte ich dein Schweigen, wusst ich stets
um alles, was du meintest, wenn du sprachst;
die Weisheit, die durch deine Rede floss,
durchströmte auch aus deinem Schweigen mich,

so dass mich stets erreichte, was du dachtest
und fühltest, auch wenn du nicht bei mir warst
und zu mir sprachst; selbst später, als du starbst,

trug dein endgültiges Schweigen alle Worte,
die du je fandst, ins tiefste Innere mir:
drum glaub ich, weiß ich, dass du wiederkommst.

Die Letzte, einsam jetzt
Ligeia 10

Versunken in der Schwärze deines Haars
war tief mein Wesen, alle meine Lust,
als schwebte ich durch dichte Dunkelheit,
durch Waldesschweigen und durch Waldesnacht,

durch Mondscheinstädte, die verfallen sind,
hin zum Palast, wo du geboren bist,
dem alten Sitz des ältesten Geschlechts,
aus dem du stammst, die Letzte, einsam jetzt.

Tief aus der Schwärze deines Rabenhaars,
aus ungestümen Strömen schöpftest du
Philosophie, wie nur ein Weib sie denkt;

geschmolzene Weisheit im Kristallgefäß
der Poesie, tellurisch, mondgedampft,
und rettest Erde, Liebe, Tag und Nacht.

Vollkommene Weiblichkeit
Ligeia 11

B ist du gar mein Geschöpf, und deine Weisheit
die meine somit, auch dein Wissen meines,
obwohl ich beides gar nicht habe? Kann ich denn
nur durch das Medium „Frau", nur übersetzt

durch Frauengeist, nur durch das Weibliche
gefiltert und geklärt, solch Denken haben?
Kann Tiefsinn nur sich mir erhellen durch
ein Gegenüber, das ich selbst mir schuf,

und dieses Gegenüber musste Weib sein,
voll Schönheit, Anmut und graziösem Liebreiz?
Oder: ging ich die „Mütter" an um Poesie,

Philosophie und Intellekt, die sie
mir sandten in leibhaftiger Gestalt,
als Wesen von vollkommener Weiblichkeit?

Einstiges und Künftiges
Ligeia 12

Kamst du, die still den Raum betrat, zugleich
aus der Vergangenheit und aus der Zukunft,
als ein Uraltes und ein kühnes Neues,
jedoch so fern in beidem, dass ich dich

nicht wahrnahm als zur Gegenwart gehörig?
Denn beides, Früheres und Künftiges,
verweigerten sich dem Zusammenstrom,
sodass erst du durch höchste Geisteskraft

sie zu dir zogst wie sperrige Expander,
indem du sprachst und sie durchs Wort verknüpftest.
Erst deine Stimme, tief und musikalisch,

machtvolle Orchidee aus Orgelklang,
riss mich aus tiefem Sinnen, und ich hörte dich,
glückselig, weil ich jäh dich bei mir wusste!

Die Energie des Blutes
Ligeia 13

Nach deiner Herkunft hab ich nie gefragt,
als hätte ich gewollt, dass du aus dir
nur kamst, dein eigener Ursprung warst,
aus deinem eigenen Willen selbst gezeugt;

als hätte ich gewollt, dass du in mir
durch rätselhaften Umschmelzvorgang nun
Herkunft und echte Ich-Bedingung fandst,
von jedem früheren Dasein abgetrennt;

als hätte ich gewollt, dass das Geschlecht,
aus dem du stammst, in anderem Zeitenstrom
fortfloss ins Nichts, von dir nicht mehr gekannt,

und dass die Energie des Blutes jetzt
von denen, die dich zeugten, überging
auf mich, durch den du jäh dich neu gezeugt.

Zu schwarzer Lichtgestalt
Ligeia 14

Gern hab ich mich in deinem Glanz verhüllt,
du aber weihtest mich mit deinem Blick,
Ligeia; unentbehrlich dir, war ich,
ein Nichtiger und Vielgesichtiger,

ein Wesenloser, den dein Wesen brauchte,
der Boden, dich aufblühend anzusiedeln;
doch ich missriet: weiträumig blieb ich Wüste,
in die mein Nichtverstehen Wurzeln trieb;

zu schwach, hielt ich dem Schöpfungsdruck nicht stand
aus deinem Innern voll Sirenenwucht,
und so verwelktest du an mir und starbst.

Doch weil du nicht tot sein kannst, drängst du jetzt
dich durch Rowena, die so mild mich liebt,
und formst sie um zu schwarzer Lichtgestalt.

Ganz aus Stille
Ligeia 15

Du wirkst wie ewiger Stillstand, so als ob
das All ein Eisblock wär mit dir im Zentrum;
und stets, wenn ich dir in die Augen schau,
will jedes heiße Drängen mir ersterben,

als wär ich selbst aus Eis. Doch tief in dir
ist Glut, die dich verbrennt in heißem Lodern,
Glut, die ich nicht ertrag, drum schützt du mich
durch jenes Eis. – Doch ist es aufgeladen

mit solcher Energie, die mich dies Eis
empfinden lässt als ungeheures Glühen,
Ligeia, tödlicher, vernichtender,

als alles, was ich je empfand, und du
durchbohrst mich mit Gesängen der Sirenen,
die ganz aus Schweigen, ganz aus Stille sind.

Schlicht und kostbar
Ligeia 16

Du kannst nicht zweifeln, weil sich Zug um Zug
und Stück für Stück in dir das Wissen staut,
Ligeia, und Gedankenreihen dir
beständigen Rhythmus geben, steten Fluss,

wie Wellenschwung im weiten Ozean,
so dass für Zweifel keine Lücke bleibt;
Schmuckstücke stellst du her, Zierrat voll Stil,
Kleinodien, die aus lauteren Worten sind;

Philosophie und Poesie, die, Satz für Satz
und Vers für Vers und Bild für Bild, ganz schlicht
und kostbar doch, wie Edelsteine ganz aus Licht,

in filigrane Stücke eingelegt,
aus den geschmeidigsten Ideen sind,
wo Platz für dich, doch nicht für Zweifel ist.

In kristalliner Sicherheit
Ligeia 17

Für mich, Ligeia, aber ist der Zweifel
ein festes Element der Weisheit selbst,
obwohl er Schwanken bringt und Ungewissheit
in jedes Denken, jedes Fühlen flößt.

Das macht ihn wertvoll, und es macht ihn menschlich,
obwohl er oft den Zweifler schmerzhaft plagt,
und dieser wünscht, er könne ihn entbehren.
Du liebst den Zweifel, deshalb liebst du mich,

Ligeia, weil du zweifelnd Mensch sein willst;
du willst im Ungewissen dich verlieren,
wo es noch Inseln voller Wildheit gibt.

Ich aber lieb dein Reich, das, Stadt für Stadt,
dich spiegelt in perfekten Prachtgebäuden,
voll Glanz in kristalliner Sicherheit.

Im Atem der Atome
Ligeia 18

Dich lockt der Zweifel, den du selbst nicht kennst,
weil du, Ligeia, in der Trance des Klanges
verlässlich schwingst, im Atem der Atome,
Gedankenströme ordnend Takt für Takt.

Dein Geist ist dicht, ein dunkler Quarzkristall
mit hochpräzisen Gittern, eng geschichtet
und ohne Lücken, wo noch Blasen schwirren,
zu füllen sie mit Qualm aus Grübel-Dunst.

Doch Ungewissheit ist's, die mich durchdringt
als Sumpfgebiet, voll Fäulnis und Gesträuch,
an dem die Zweifel blühen, dunkle Pracht,

in dichten Dolden, die du suchtgedrängt
umarmst, als ob sie Offenbarung sind,
und lechzend küsst, im Dürsten ausgedörrt.

Aus Dunkelsternen
Ligeia 19

Die Städte, die in deinem Atem rauchen
und reif im späten Zeitensiechtum blühen,
sind dein Ballast, Ligeia, Sarabanden,
die, selbst sich tanzend, längst zu Wüsten wurden.

Und die Phiolen, die, aus deinen Augen
ans Licht getreten, schillernd uns umkreisen
und ihre Elixiere allen Adern
freigebig spenden, werden zu Gelüsten,

in denen unsre Träume sich verfangen,
waidwunde Schwäne, triebwerkhingegeben,
auf toten Schwingen in die Leere rauschen.

Und unser Keuchen sinkt in die Metalle,
Ligeia, die aus Dunkelsternen treiben,
aus unsren aschengrauen Ewigkeiten.

Kochendes Licht
Ligeia 20

Mit Furcht erblicke ich dein fremdes Wissen,
Ligeia, und die ungeheure Last
der Dinge, die du je gesehen hast,
im Ausdruck deiner Augen; hingerissen

bin ich und bleib doch bang im Ungewissen,
vom Licht verstört aus lichtem Traumpalast
des Geists, vor dir verglüht, vor dir verblasst,
durch die Gewalt des Grauens fortgerissen

in kristallines Koma, konzentriert,
Ligeia, in die finstre Energie
der Leuchtkraft, die mir Lust und Angst erregt;

kochendes Licht, das kalt sich selbst studiert,
beladen mit den Mächten der Manie,
die still sich nährt aus Nachtglanz unentwegt.

Die Strahlenschlucht
Ligeia 21

Denn deine Augen: dicht gepresst und doch
voll Leichtigkeit, voll Lust vor jeder Schwere,
voll des Gesehenen Glück und doch voll Leere;
dein Blick, im Saugen stark, ein schwarzes Loch,

hält streng mich unterjoch in starrem Joch,
in dessen Durst ich doch mich gern verzehre;
Begierde, dass ich deinen Blick begehre,
durchströmt mich stark in stetem Strom, und doch

bleib ich beständig im Begehren frei
nach deiner Augen dunkler Strahlenschlucht,
und leuchtend drängt mich ungeheures Licht

in deinen Schrecken, doch im Schreckensschrei
tauch ich in deine Wollust trotz der Wucht
des Brodelns, das aus deinen Blicken bricht.

Dein Schöpfungsblick
Ligeia 22

Das ist, Ligeia, dein Medusenblick,
in dir gebändigt, in sich selbst geballt,
der stets nach innen schaut, und doch Gewalt
nach außen strahlt und tragisches Geschick

um sich herum erschafft als Schöpfungsblick:
denn was du siehst, dem gibst du neu Gestalt,
du flutest alle Formen mit Gehalt,
saugst Mahlstromglänzen selbst aus Missgeschick.

Denn deine Augen, Sternenenergie,
zu Magnetaren mörderisch gepresst,
verströmen mild sich doch im Mittagsglanz

und geben selbst der Hölle Harmonie,
der Leidenschaft, die heiß dich lodern lässt
in schwarzer Flammen eingefrorenem Tanz.

Mit bohrenden Gesängen
Ligeia 23

Vielleicht zuerst traf ich dich tief im Traum,
   wo du aus feuchten Nebelhüllen tratst,
und deine Augen, schwarze Fackeln, mich
mit bohrenden Gesängen voller Lust

markierten? Deine Wunde ankert tief
in mir, Ligeia, wird für alle Zeit
seitdem als Sepsis mir, als Eitergrund
mit Blütenständen voller Bitterduft

begründen ein Quecksilber-Opium-Reich
im satten Sog deines Sirenenschreis,
der mich im Schlaf umarmt und spröde küsst.

Geliebte, schmelze mich, verbrenne mich
im Kobaltblut-Apotheosen-Rausch,
in deinem schwarzen Sonnenuntergang.

Blonde Liebe
Ligeia 24

Du zeigtest mir in einer Angstvision,
als bleichen, blutberaubten Hilfeschrei
Rowena, die scheu durch Ruinen schwankt,
in die dein Geist gebrochen niedersinkt;

Rowena, die verwirrt die Hände ringt
im hilflosen Delirium des Wahns;
die du dir nachzufolgen eisern zwingst,
damit sie deiner Wiederkunft vorausgeht.

Bietst du sie mir als Interima an,
Ligeia, für das dumpfe Zwischenreich,
damit du reifen kannst im Sarkophag

auf hohem Katafalken starr und bleich;
Rowena, deren einziges Kapital:
dass sie blauäugig, dass sie blond mich liebt?

Metronom aus Ewigkeit
Ligeia 25

Dein Glanz aus Elfenbein im Türkismeer,
wo sturmgeladen du gestrandet bist,
wo du die Schalen der Gesänge brichst,
die dich getragen durch das Flaschengrün

der ewigen Grotten deines Fiebertraums,
voll Platinrausch, zu brüten glanzgesät
den Blutsmaragd im Alabasterwald,
als letzten Nachhall des Sirenenchors,

dem du entglittst, Ligeia, ohne Wiederkehr;
denn einzig Wiederkehr zu mir ist dir
beschieden, *nur zu mir*, im Schattendom,

wo atemstill dein dumpfes Echo bleicht
in hohler Schaudergruft, in schwarzem Klang,
versklavt dem Metronom aus Ewigkeit.

Schäumt durch Ruinen
Ligeia 26

Dein Haar aus Schwärze kalter Weltraumnacht,
doch sterngezündet, poesiegesättigt,
im Blitz verausgabt, hyazinthenschwanger:
es hat mich aufgezehrt schon im Moment,

als ich dich erstmals sah; und das Metall,
das diesem Haar entströmt mit hartem Fließen,
wälzt sich in meinem Blut, schäumt durch Ruinen
verlorener Träume, die zerbrochene Pracht

der Phantasien, die in Phosphor gleißen
und bald in Eismelancholie versinken,
Miasma aus Sirenen-Elegien.

Dein schwarzes Haar wird mich in Schlangenmeeren,
im Suchtstrom, der die Sinne mir zermartert,
in teerig trauersattem Trost ertränken!

Sprachverwirrend
Ligeia 27

Der Turm zu Babel, als er niedersank,
entlud sich in die Völker, sprachverwirrend
und durch die Larven aller Länder irrend;
seitdem ist vieles Reden siech und krank,

die Worte löchern, hohl und leer und blank,
und das Gesagte in Phantomen schwirrend
und durch lepröse Farben düster flirrend,
Sprechblasen treibend schwülstig voll Gestank.

Dir aber schrie der Turm in letzter Qual
magnetsturmschwanger wahre Sprachen zu,
gebündelt fest in dir, Ligeia, dicht

verschweißt zu Poesie, verwunschener Gral
tief im Sirenendiamantenklang,
aus dem zu mir du singst in heißem Kuss.

Mit sanftem Zuspruch
Ligeia 28

Ideen, die du atmest, zahllos, unerschöpflich,
den Garten Eden wiederzugewinnen;
die Einsamkeit der Cherubim (die standhaft
und schrecklich ihre lichten Flammenschwerter

noch immer halten, aber nichts als trocknen Staub
bewachen) zu zerstreuen mit sanftem Zuspruch;
auch zu kristallisieren die Erkenntnis
von Gut und Böse schlicht in Baum und Frucht zurück;

so dass der Lebensbaum, weil er nicht anders kann,
neu wieder neben seinem Zwilling sprießt.
Doch all dies Streben auch in uns; denn jeder kann

Protagonist des eigenen Paradieses werden.
Weil du all dies, Ligeia, lächelnd zeigst:
lass mich teilhaftig sein an solcher Macht!

Dein unbändiger Wille
Ligeia 29

Die Energie, die du entschlossen bindest,
in deinen Augen, deiner Stimme, deiner Hand,
in deinem unergründlichen Verstand,
im Fundus, den du frei im Denken findest,

im Dunklen, das du dir im Dichten bindest,
in schöpferischer Schönheit, stolz gespannt,
in deinen Glanz gekleidet, feuriges Gewand –
ist Energie, die du in deinem Willen findest:

im freien Willen, festes Fundament
für schöpferisches Schwingen voller Leidenschaft,
in der zur Zucht du dich, zur Härte zwingst;

der Wille, der durch alle Tode brennt,
die du erleidest dumpf durch Leidens düstre Kraft,
ist Leben, das du lustvoll neu erschwingst.

Geballter Nebel

In deine Stille, blutrot aufgespannt,
soweit sich deine Horizonte dehnen,
bin ich gehüllt, blutrot; tief eingebrannt
ist deine Stille mir, blutrot; ein Sehnen

geht aus von deiner Stille, nie benannt,
blutrot, in Nebeln, dicht geballt, aus denen
dein stummes Schreien hallt. Und ich, gebannt
von deiner Stille Fiebernebelszenen,

die blutrot mich umwallen geisterhaft,
bin ein gewichtiger Klang in deiner Stille,
die mir entspringt und blutrot mich erfüllt,

die uns verschweißt fast mit Vernichtungskraft,
in der dein Blut pulsiert, dein dumpfer Wille
sich blutrot spannt, mich ausweglos umhüllt.

Zum dunklen Dom

Ich wühl, von deinem Wesen überblendet,
durch Nebel mich, treff tief in Nächten dich:
Wohin mein Geist sich auch gepeinigt wendet,
dort stehst du, starr und stumm, und musterst mich

mit manisch düstrer Macht, aus Mohn gesendet,
und marterst selbst in Mondesmilde mich.
Seit du berauscht in meinem Blut verendet,
erleb ich dumpf als Drohgebärde dich.

Doch manchmal, nachts, fühl ich dich bei mir liegen,
denn unsre Avatare, engumschlungen,
sind ineinander nebelfern gewühlt;

und Atemstöße, heiß getaktet, fliegen
dem dunklen Dom zu, weit emporgeschwungen,
und jede Wirklichkeit wird weggespült.

Dein Quantensprung

Dank dir bin ich durch Jahrmillionen jung,
die in mir sind, muss ich auch ständig sterben;
stets neu dein schroffes Schaudern zu erwerben,
drängt mich dein Knospenrausch, dein Quantensprung.

Dein Lächeln leuchtet mir Ermächtigung:
auch im Verderben kann ich nicht verderben,
Erbsündenfall soll seufzend mich enterben;
das Böse ist Kompost, dient uns als Dung.

Und doch: dank dir weiß ich, was Sünde ist;
durch scharfe Prismen trägt mich dein Pulsieren,
dein Fegefeuer flammt mir Läuterung.

Denn da du jenseits jeder Sünde bist,
darf sich mein Sündensein in dir verlieren:
und Sünde schwebt hinauf im Sündenschwung.

In Ahnungsstarre

Erstarrt bin ich und jenseits jeder Klage,
verriegelt sind mir Richtung, Raum und Zeit;
Unrast versank, mit ihr der Drang zur Frage,
der Schrei erstarb, der aus den Dingen schreit.

Mein Song ist eine ferne, fremde Sage,
und in mir wuchert Marmor weit und breit;
und als ich steinern dann zu sehen wage,
erblick ich dich, erstarrt im Marmorkleid,

vor mir, und deine großen Augen gähnen
als Abgründe aus Leere starr und tief,
darin gefangen Gram und Groll und Grauen.

Zu Marmor sind geworden deine Tränen,
als ich das All in Ahnungsstarre rief,
sich grübelnd selbst in Grabgestalt zu schauen.

Ganz scheu und still

Seit ich das Rehbraun deiner Augen sah
und deinen scheuen Blick, ist mir Symbol
für dich das scheue Reh; zwar: mir geschah
manch böser Schlag aus deiner Scheu – doch wohl

bleibt mir das Reh, ein Bild, mir innig nah,
als Fluchtsymbol: das ist der eine Pol;
das Raubtier aber, ohne Warnung da,
der andere Pol, ein wildes Droh-Idol:

Denn wenn Verwandlung plötzlich dir geschah,
dein scheues Aug aufzuckte hell im Blitz
und du mich schmähtest schonungslos und schrill,

ich deine Scheu sich selbst zerfetzen sah,
und deine Blicke: Speere, scharf und spitz:
da, scheues Reh, war *ich* ganz scheu und still.

Was ich brauche

Dass ich dich brauch, das ist es, was ich brauch,
auch wenn ich dich nicht brauch: das ist mein Tick;
auch brauche ich, dass du mich brauchst, und auch
brauch ich Beglaubigung durch deinen Blick.

Auch brauch ich, dass du brauchst, dass ich dich brauch,
und brauchst, dass ich gebrauche jeden Trick,
der dir mich brauchbar hält, frei aus dem Bauch;
dass ich dein Brauchen brauch, bleibt mein Geschick.

Ich steh, brauchst du mich nicht mehr, auf dem Schlauch
und sinke in den Sumpf aus Schlamm und Schlick,
der in mir ist, ein brodelndes Gebräu;

drum brauch ich deinen Blick, damit ich tauch
in brausendes Rehbraun. O welch ein Blick:
erlaub und glaub, dass ich mich seiner freu!

Dein heftiger Ruf

Dein Leib ist lauteres Licht, ist sternenhaft,
ist Energie, erzeugt in Traumgewittern,
und deine Blicke brennen voller Kraft;
doch die Gefühle hältst du hinter Gittern.

Du bist so prall, blühst reif und süß, voll Saft
und Duft, so froh, was könnte dich erbittern?
Ideensturm, plastisch in dir gerafft,
Synapsen-Stau, geschwemmt aus Rauschtransmittern,

schafft dir Elan voll Elektrizität;
Spannung zuckt sprühend dir in allen Gliedern,
Tanz wohnt in deinen Hüften, Armen, Beinen.

Aus deinen Sternen, dicht in dir gesät,
trifft mich dein heftiger Ruf; ihn zu erwidern,
saug Stärke ich sogar mir noch aus Steinen.

Bleiernes Gewicht

Du kommst gegangen, schattig deine Stirn,
dein schwarzes Haar ein teerig schäumend
                                    Schwelgen,
woraus Leuchtfeuer durch die Lüfte schwirren;
und sirrend aus der Sonnenräder Felgen

Geister des Lichts mir gleißend ins Gehirn
die Muskelspiele deiner Beine meißeln;
und deine Brüste federnd mich verwirren
und deine Blicke blitzend bös mich geißeln.

Und deine Hüften schwingen schlicht im Schreiten:
du bist wie Trance und Traum, ein Schwan in Schwebe,
doch Glanz von Groll zerreißt dir das Gesicht.

Kann ich verhüllen dein Vorübergleiten,
den Alptraum, den ich ahnungsstarr erlebe?
Mein Herz dröhnt hämmernd, bleiernes Gewicht.

Unheils Quelle

Gläsernes Licht; der Kosmos hart und spröde,
die Tage steinern und die Nächte bleiern;
Eis mein Gehirn, antarktisch wüst, wahnblöde,
Synapsen-Schatten, die in Frösten feiern.

Indes verwunschen ich im Schnee veröde,
klirrn Cherubim hysterisch hohl auf Leiern,
zerbrechenden: Schmach, Schwermut; schrill und
schnöde:
Gespenster wie aus Fratzenwasserspeiern.

Zu dir, geliebter Stern, fleh ich: erlöse
mich heiß aus härteschwangerem Eisversinken,
das mich ereilt in zeitraffender Schnelle!

Da trifft dein Blick mich, stechend, lähmend, böse:
Du gibst dem All Erstarrungsgift zu trinken;
du bist nicht *Heilung*: du bist *Unheils Quelle!*

Du schwankst in mir

Du schwankst in mir, oft lüg ich schwache Liebe
in desolate Dichtung dumpf hinein;
denn lieben muss ich, hochgespannt, sonst bliebe
ich auf der Strecke, würd zu starrem Stein.

Manch Rausch durchrauscht mich, der mich rasch
                                    zerriebe,
entzöge ich mich dir nicht oft; doch dein
plötzlicher Ruf lässt treiben trockene Triebe,
und meine Liebe, die ich log, all mein

versunkenes Begehren findet Bleibe
in mir, verjüngt, erneuert; Eruptionen
erschüttern mich, volltrunkene Vulkane.

Floß Wahrheit aus der Lüge? Dränge, treibe
ich meine Sucht nach dir in Sensationen,
weil ich die Schauern deines Schwankens ahne?

Verblüffung

Oft sinkt verwirrt, verloren meine Liebe
hinab in dein Versinken und Verbrennen;
wie aber, wenn ich sie mir neu erschriebe
als Neubesitz aus magischem Benennen?

Dein Ruf, den ich mir ruf, treibt trockene Triebe
zu neuem Blühen, und neuerwachtes Brennen,
worin dank dir ich ewig gern verbliebe,
verströmt sich schwelgend, neu dich zu bekennen

und doch als Fremde dich gedeihen zu lassen
in Fremdheit, die mir neu zu jeder Stunde
vertraut wird, doch im Fremdsein stets verbleibt,

im Rhythmus zwischen Staunen und Erfassen,
wo das Erleben immer neuer Funde
mich von Verblüffung zu Verblüffung treibt.

Du bleibst mir abgetan

Oft, wenn ich fühl, dass ich dich grad nicht liebe,
ergreift Entsetzen mich, entfesselt mir
flugs Widerstand, und folgerichtig nehme
ich alle Schuld auf mich und widme dir,

ganz wach, bewusst und willentlich, als triebe
ich ein Geschäft voran nach sicherem Plan,
Aufmerksamkeit, aufopfernd unbequeme,
doch bringt's mir nichts, du bleibst mir abgetan.

Da lass ich, frevelhaft, dich einfach fallen,
lösch leichthin mir aus dem Gedächtnis dich
und lasse hilflos alle Hoffnung fahren,

wogegen deine Blicke neu sich ballen,
mich neu berennen, neu verbrennen mich:
so kann mein Frevel dich mir fest bewahren.

In Sinnenwut

Solange ich dich hasse, lieb ich dich;
und du, von heißer Energie verschlungen,
die meinem Hass entströmt, umflutest mich
in deinem Hass; und hoch emporgeschwungen

und straff gespannt ist mein Gefühl, das sich,
durch dichte Dickichte hindurch gedrungen
und sturmdurchbraust durch rausten Himmelsstrich,
in dein Gefühlsgewühl hinein gerungen.

Und unser Hass haucht heiß in die Gestalt,
zu der verquickt wir, Lust zur Liebeswut,
und dunkle Energien, hassentsprungen,

entfesseln Hymnensturm voll Hassgewalt;
und unser Blut schäumt, Schrei in schwerer Flut,
singt irren Song, in Sinnenwut gesungen.

Mein Aufbegehren

Wer bist du? frag ich dich; hab ich gefunden
die in dir, die ich süchtig in dir suchte?
Und wer, in dir verflucht, ist die Verruchte,
die mir zu dir Verbindung unterbunden?

Wenn ich an dich mich wende unumwunden,
gerat an die ich, die aus dir mich suchte,
die oft, wenn ich sie such, aus dir verschwunden?
Wer ist's in dir, die meine Dienste buchte,

die gegen dich sich dumpf mit mir verbunden,
mir keine Wahl ließ, weil du einfach fehltest
und mir nicht brünstig deine Blicke sandtest?

Lass mich mein Aufbegehren dir bekunden,
da du dein Drängen dunkel mir verhehltest
und dich zur Flucht aus dir voll Wehmut wandtest.

Ist es dein Gesicht?

Dein Blick, der jetzt mich trifft, ist er mit dir
und deinem Blick, der einst mich traf, verwandt?
Bist du das, dieses heiße, wilde Tier,
mit einer Augenwucht, so hochgespannt

wie Kraftstrom, scharf, voll unstillbarer Gier?
Geb ich die Hand dir, ist es deine Hand,
in deren Griff ich Kraft zum Griff verlier,
weil mich der Sturm aus deiner Stärke bannt?

Und dein Gesicht, das heiß in Röte flammt,
die mich verbrennt, mich voller Lust verzehrt,
ist's dein Gesicht und deine Feuerflut?

Bist du's, die zur Vernichtung mich verdammt,
die blind in mir, was ich nicht bin, begehrt,
in der ich schmelz in schwerbewegtem Blut?

Dein Riesenreich

Still durch mein stetes Staunen gleitest du,
zum Dom gebaut mein Dichten dichtest du;
durch meine tiefen Schluchten schreitest du,
das Streiten meiner Stürme schlichtest du,

anstelle meiner Stürme streitest du;
in mir dein Riesenreich errichtest du;
die Tunnel meiner Träume weitest du,
Traumarbeit Nacht für Nacht verrichtest du;

von Denkens Dröhnung mich befreitest du,
und doch mir Dramendrang bereitest du,
und meinen Scheiterhaufen schichtest du;

durch Höllen himmlisch mich begleitest du,
und meine Träume überschreitest du,
und mich errichtest und vernichtest du.

Aus finsteren Feuern

Im Dom der Nacht sah ich die Himmelsleiter,
sah Cherubim dort auf und nieder schreiten
auf goldenen Sprossen; grandiose Streiter
des Göttlichen, dich gütig zu geleiten

bei der Herabkunft. Hymnisch sank ich nieder,
indes mein Durst nach dir mich schier verbrannte;
das Grauen floss mir scharf durch alle Glieder,
da Furcht, du bliebst mir aus, mich übermannte.

Dann: in der dunklen Nacht war jäh verschwunden
die Leiter, alle Cherubim zerflossen –
ich löschte gierig meinen Durst aus dir:

Zu mir den Abgrund hattst du überwunden,
doch nicht aus Himmeln über Himmelssprossen:
aus finsteren Feuern fandest du zu mir!

Medusenblick

Verdorbene Stille und verseuchtes Staunen,
verlogene Zartheit voll Zerstörungswut,
die deine Dämonie weichmacht wie Daunen
und doch auf Unerbittlichkeit beruht;

und deine Raserei: tödliches Raunen,
gepumpt und freigepresst aus deinem Blut.
So sterb ich steinern: Stein kennt keine Launen;
spröd spiegelte ich dir Verzweiflungsmut,

in dem dein bohrendböser Blick mich fand,
der mich durchdringt: pulsierende Posaunen,
zwar flüsternd nur, doch Schall, der mich zersetzt:

Bald bin ich gänzlich zu Basalt verbrannt
und steh vor dir als Stein, und doch voll Staunen:
dein Bild bleibt mir ins Auge eingeätzt.

Stets gegenwärtig

Mich nervt die Netzhaut, die du mir bewohnst,
ein schwereloses, schwirrendes Phantom,
ausdrucksvoll schwingend, schweigend, autonom
in meinen Blicken, die du niemals schonst.

Und deine Gesten, die du brüsk betonst,
sind Tänze, trügerisch, nach Metronom
aus meinem Puls; frisch powert dein Arom,
womit mein Darben dürftig du belohnst.

Stets gegenwärtig, bist du nie zu greifen,
die du mir Läuterung und Lockung bist,
durch Weihrauchdunst und durch die Wut von Psalmen;

ich lechz nach dir, voll Lust, dich abzustreifen:
mein Lidschlag, der mir Last und Schwere ist,
plagt sich vergeblich ab, dich zu zermalmen.

Zerbrochener Spiegel

Erstarrtes Schweigen trotzt: Stahlpanzerung,
im Sprung durch Spiegel scharf, nie aufgelöst;
schwarz lodert Leidenschafts-Zertrümmerung:
Zerbrechendes zeigt sich nicht gern entblößt;

der Trug des Nichts verbrämt Verlust an Schwung;
wenn Stolz an Stolz sich maskenstarr zerstößt,
zerrinnt Elan, zerfließt Ermunterung.
Was hat die Mär dir magisch eingeflößt,

der Spiegel repariere selbst den Sprung,
den ihm der Blick des Spiegelbildes schlug,
und reflektiere Nacht als Sonnenschein?

Das Schweigen sei uns Schutz und Läuterung.
Was bist du? Traumbild oder Sinnentrug?
Bist du mir Gorgo noch, bleib ich dir Stein!

Multiples Wesen? (I)

Verhüllte, die in dir verloren sind,
  weil sie im Werden mir begegnen wollen,
doch deiner Wucht demütig weichen sollen,
gestauchte Stimmen, in Betäubung blind.

Sie winden sich in deinem scharfen Wind,
der Stürme zeugt, sie deinem Zorn zu zollen;
vor deinem Eifer, dem ereignistollen,
zerbricht ihr Schneid, und ihre Zeit zerrinnt.

Verwirrte, die in dir verlorengingen,
weil ihre Träume meine Träume trugen,
doch bald abdrifteten in Apathie

und nun in trägen Amplituden schwingen
zu deinem Dienst in dunklen Doppelfugen,
in Erzen erdenschwerer Elegie.

Multiples Wesen? (II)

Wer ist's in mir, den deine Liebe meint,
da doch Bastarde zahlreich mich bewohnen?
Schufst du aus mir Idole und Ikonen,
irrlichternd dir zum Ideal vereint?

Manch Entität, die dir aus mir erscheint,
verborgen in verwirrenden Fusionen:
was konnte sie für dich ins Dasein klonen?
Wer ist's in mir, den deine Qual beweint?

Hast du, da du mich liebst, dich reich verteilt
in mir an alle Fremden und Vertrauten?
Nimmst du mich wahr in ihrem wirren Chor?

Und wen hast du als Abgott dir gestylt
von denen, die in mir dein Bild erbauten,
weil er als einziger *dich* in dir beschwor?

Atemberaubend

Dein atemloser Atem, der mich atmet
und allgestaltend meinen Atem lenkt,
reißt mich in dich, mein Alles, du mein Ahnen,
schafft alles, was sich mir im Atem schenkt.

Aus deinem Atem mir das All sich atmet,
mein Denken reich aus deinem Atem denkt;
in deinen Atem hat mein dunkles Ahnen
gierige Wurzeln ahnungsstark gesenkt.

Du bist mir alles, denn du bist in allem,
weil alles deinen Atem atmet. Mich
kann nur dein Atemstrom, atemberaubend,

ins Atmen retten, atemlos zu fallen
in deinen Atem, ewig atmend dich
und nur an dich und deinen Atem glaubend.

Dein Klang in mir

Lauschst du in mich hinein, dann lauschst du dir,
denn der Gesang in mir ist dein Gesang;
ich kann dir klingen zwar in meinem Klang,
doch klingt auch dann für dich dein Klang in mir.

In dir bin ich nicht ich, bin der in dir,
den du dir dort erschufst mit zähem Zwang;
bangst du um mich, ist um dies Bild dir bang,
für das du lebst, unendlich fern von mir.

Du weißt, ganz wie ich selbst, nicht, wer ich bin,
doch dir zu dienen, muss ich *der* dir sein,
den du erkennst, der deutlich existiert,

auch wenn er *dir* entsprang aus Geist und Sinn:
ich bin, der ich dir bin, für dich allein,
der sich, verlierst du ihn, im Nichts verliert.

Das Vakuum

Erfandst du mich? Und bin ich dir gelungen?
Dank ich dir Eigenschaft um Eigenschaft,
als Spiel und Spiegel deiner Energie,
aus deinem Urinstinkt ganz ungezwungen?

Bin ich dir Klang, für dich in mir erklungen,
doch Melodie aus deiner Melodie,
voll Leidenschaft aus deiner Leidenschaft?
Ist, was ich für dich bin, dir selbst entsprungen?

Denn ich, gepresst, verdichtet zum Kristall,
muss streng in Diamantenstarre schwingen;
was dir aus mir zu singen scheint, ist stumm.

Denn ich bin leeres Schweigen, hohler Schall,
bin Dunkelheit, dein Dunkel zu umschlingen,
und was dich in mich saugt, ist Vakuum.

Doppelglockenklang

Wir beide stehen zu hartem Stein erstarrt
einander gegenüber, seit die Uhr des Alls
ihre Bewegung plötzlich eingestellt; und
meine Hand, nach deinem Antlitz ausgestreckt,

hält inne kurz davor; auf deinem Gesicht
steht eine Frage, starr, für ewig eingefroren;
dein Blick schläft ewige Zeit in meinem Blick;
äonenlang wartet dein Gesicht, dass ich's berühre;

und mein Gedanke, der deinen Gedanken kreuzt,
bildet mit ihm ewigen Doppelglockenklang;
und unser ganzer Zeitvertreib ist Staunen,

wie unversehrt uns Ewigkeiten sehen.
Wir freuen uns solchen Daseins ewiger Dauer,
und fürchten nur, dass dieser Bann zerbricht.

Das All zerfällt

In dunklen Nächten, dumpfen Niederlagen
versink ich oft, vernarbt sich dein Gesicht;
mein Geist gerinnt zur Gruft, das Sternenlicht
wird schwarzer Staub; in stummen Klagen

zerfällt das All, und aus zerbrochenen Tagen
springt deine Spur, die von Verirrung spricht;
du, meinen Pulsen pressendes Gewicht,
zermalmst die Sehnsucht, Summe aller Plagen.

Du wilder Strom, von Ufern eingeengt,
die doch nicht fassen können deine Fluten,
wenn hoch auflodert deine Leidenschaft;

in dir zu münden weiß ich mich gesprengt,
in deiner Fülle feurig zu verbluten
und kochend auszukosten deine Kraft.

Dein Erweckungsgong

Dein Sterben schläft im Glanz der Galaxien,
die als Stimmgeber strengen Sternenklang
dir ins Fortströmen flößen, Sphärensang
aus Jahrmillionen, die vorüberziehen

als dunkle Macht des Alls, in Melodien
gebunden, dir geweiht durch Lichtjahrdrang;
doch mich ergreift dein Seufzen schwer und bang,
dein schwarzer Hauch aus finstren Harmonien.

Du kannst nicht sterben, denn du bist gestimmt
auf die galaktisch glühenden Gezeiten;
dein Herz ist mit dem All zu ewigem Song

verquickt; und ich, der deinen Klang vernimmt
aus deinem Schlaf durch Schluchten dunkler Weiten,
bin Echo dir, bin dein Erweckungsgong.

Aus lustastralen Sünden

Wüsst ich den Schierling ohne Schmach zu trinken,
könnt ich von meinem Atem Abschied nehmen,
von dieser Schattenwelt, geformt aus Schemen,
wo sich mit geilem Glanz die Gräber schminken.

Lass mich in dich, mein Grab, Geliebte, sinken,
reich mir den Kelch voll giftiger Chrysanthemen,
lass mich den Leib, den Trägen, Unbequemen,
voll Heiterkeit verlassen: Wonnen winken

im Tode mir, von Träumen schwer beladen,
die dichtgeballt aus deinen Blicken stammen
und voller Brennstoff sind, bereit zu zünden.

Ich flieg zu deinen feurigen Gestaden
und werd berauscht zum Raube deiner Flammen,
beglückt vom Song aus lustastralen Sünden.

Aus Äonentiefe

Denk ich an dich, befällt mich Atemnot,
in jäher Angst vor deiner Atemtiefe,
als ob dein All in meinem Atem schliefe;
und ich versenk vergeblich schweres Lot

in deinen Atem, der zu bersten droht,
nie auslotbar! Wenn nur dein Schaudern riefe
aus Zeitenriffen und Äonentiefe,
wo dumpf aus deinem Atem mich dein Tod

schwarz in den Krypten meiner Kraft ereilt,
wo mein Gesicht, in Gips aus Gram geknetet,
verraucht als Maske der Vergeblichkeit,

im Brechen deiner Blicke festgekeilt,
mein Geist auf deinen Atemströmen betet,
zermalmt im Zorn von Zeit und Ewigkeit.

Saugende Schwärze

Dein schwarzes Haar verschlingt mein letztes Licht,
im Leuchten selbst sich schwelgend zu verzehren,
vom Zwang besessen, brennend zu begehren,
was durch die Schleusen solcher Schwärze bricht.

Dein schwarzes Haar ist selber ganz aus Licht,
aus dunklem Licht, ein Strom aus dunklen Meeren,
voll finsterer Wogen, glanzgeschäumten Teeren,
ein düsteres Glänzen, träge, voll Gewicht.

Dein schwarzes Haar, ein Traum aus dunkler Flut,
saugt Nachtglanz auf, hört niemals auf zu saugen,
ein Traum, der alles in die Tiefe schlingt.

Und Schatten steigen schwer aus deinem Blut,
und Ausgeburt der Nacht aus deinen Augen:
dein Blick, der brüsk mein Ich zu bersten zwingt.

Doch du verschwandest

Am Bahnhof traf ich dich: du standst berauscht
und schautest in die Sonne, die dich schaute,
und Himmel überall, der himmlisch blaute;
da hab ich tief in dich hinein gelauscht

und mich gefunden, ganz von dir berauscht;
doch du verschwandest, als der Rausch sich staute,
und als du fort warst, kam die große Flaute,
und in die Leere hab ich lang gelauscht.

Der Bahnhof aber wurde mir zum Tempel,
wo ich zu dir im Darben feurig flehte:
dein Blick jedoch blieb blind und unbeteiligt.

Nicht nur der Bahnhof trägt nun deinen Stempel:
ins ganze Weltall stammle ich Gebete;
das Universum glüht, durch dich geheiligt.

Verjüngtes Blut

In deinen Rinden brechen Risse auf,
wo die Patina pralle Früchte zeugt;
Zerrissenheit hat reich die Zeit gesäugt,
hat Kraft und Klang versetzt im Ausverkauf.

Doch Schönheit blieb dir, in lebendigem Lauf
verjüngt sich jäh dein Blut, die Schöpfung beugt
die Knie vor deiner Zucht, die Wunder zeugt:
ins All schwingt blitzend sich dein Blick hinauf.

Und aus den Himmeln saugst du süßen Saft,
der schnell die Risse deiner Rinden schließt,
und die Rubine funkeln frischem Raub;

die Nornen segnen deine neue Kraft,
die in das Rauschen deiner Rinden fließt,
und deine Wälder wuchern schwer im Laub.

Vor deinen Träumen

In deinen Wäldern webst dein Dasein du,
dort, wo die Erde magisch aufgeladen;
und deine Bäume raunen mir Tabu
vor deinen Träumen, deinen Lustballaden.

Erhebt dein Geist sich, trägt dein Flug im Nu
dich überallhin; über Myriaden
von Geistern der Natur gebietest du,
dir schadet nichts, und nichts durch dich nimmt Schaden.

Mich hast du aber einst mit Bann belegt:
ich darf in deine Wälder nicht eindringen,
weil deinem Puls mein Vorstoß Panik schuf.

So lass in dich mich sinnen unentwegt:
wenn du und ich und deine Wälder schwingen
im selben Sinn, ruf mich mit Sehnsuchtsruf!

Dein Prozessor

Du surfst in meinem Sehnerv; deiner Sicht
verfall ich ganz, gesalbt aus deiner Wucht,
mit der du gleitest in die Ganglienschlucht
und schwungvoll schaltest in der tiefsten Schicht,

wo die Impulse jagen dicht auf dicht;
zwar wend ich manchmal mich vor dir zur Flucht,
doch bleibt, was ich beginne, unsre Frucht,
denn deinem dunklen Drang entkomm ich nicht.

Von dir besessen und von dir besetzt,
bin ich Prozessor dir, durchdringungsprall,
doch ganz aus deinem Denken dirigiert,

das saugend mir durch die Synapsen hetzt,
mit weitem, wildbewegtem Widerhall,
der nie aus meinen Rhythmen sich verliert.

Mit dir gewinne ich

Ich liebe dich, du weißt es: also bin ich,
und nie sink ich zurück ins Noch-nicht-Sein;
nach deiner Schönheit voller Schauder sinn ich,
stets bist du bei mir, bin ich auch allein.

Mit dir, in dir, aus dir, dank dir beginn ich,
und Hohelieder glühen durch jeden Hain;
dein Bild an alle freien Flächen pinn ich,
aus deiner Power saug ich Lust und Pein.

Du zerrst an mir, doch ohne dich zerrinn ich,
du schäumst in meinem Blut als schwerer Wein,
und tief in deinem Rausch verloren bin ich.

Durch deinen Stolz aus Stahl zu Stein gerinn ich:
mit dir, Geliebte, dennoch nur gewinn ich,
und nichts stürzt mich hinab ins Nicht-mehr-Sein.

Bittersüße Plage

Zu *leben* ohne dich, o doch, das geht:
ich üb an mir solch Härte sehr soldatisch;
denn ich war Wüste immer, heiß durchweht,
dir feindlich: gegen mich bin ich fanatisch.

Und doch (wie all mein Sinnen dir gesteht):
nie könnte ich ohne dich *sein*; dramatisch
füllst du mein Ich, mein ganzes Wesen dreht
sich nur um dich; rebellisch, enigmatisch

erleb ich mich, und alles in mir weht
dahin zu dir, du bittersüße Plage,
du unauslöschlich grelle Geistpräsenz.

Ich bin dein Priester, dein Anachoret,
tief im Gebet, und nehme ohne Klage
lieber von mir als je von dir Absenz.

Aus irren Datenbanken

Zerrissen und zerfetzt von deinen Splittern,
verbluten meine gierigen Gedanken;
und du, voll Trauer, klagend in Transmittern,
lässt schwer die Säulen unsres Sollens schwanken.

Die feinen Saiten ferner Sehnsucht zittern,
und tief aus mächtigen Melodien tanken
sich Wünsche auf, die wohligen Wahnsinn wittern,
und Dunst ersteht aus irren Datenbanken.

Und üppig blühen Blumen bös auf Trümmern
zermalmten Geistes, Glanz in Grabesaugen,
und Fieber flammen heiß in Fäulnissümpfen;

und Schiffe voller Strophen seh ich schimmern
auf Wolken, die aus Wäldern Wehmut saugen,
und Träume glühen auf abgestorbenen Stümpfen.

Der goldene Schuss

Du Bronzebild, du eherne Gestalt,
reißt reglos mich in rüttelndes Rotieren,
umschlingst mich, schlaflos schluck ich deine Schlieren,
Moira, mörderisch und maskenkalt.

Dein Sinnen saugt an mir: Metallgewalt;
mich graut, durch deine Nacht zu navigieren,
wo deine Klänge mich katapultieren
in ewiges Nichts durch dampfenden Asphalt.

Ich schlürfe schlingernd deinen Maskenglanz,
aus Elegie mich zu elektrisieren;
dein Narr, umkreis ich deinen Nukleus;

ich dröhn mir auf den Kopf den Dornenkranz,
in seinem Drogendunst mich zu verlieren,
und dein Gesang setzt mir den goldenen Schuss.

Betongewordene Luft

B edrückend ist es, im Beton zu sinnen,
der brütend schwer bis zum Azur sich bauscht,
worin die Gärung der Gedanken rauscht,
deinem Entweichen nicht mehr zu entrinnen.

Wird sich dein Spiel im flüchtigen Sprung entspinnen,
dein Blick, der Blick um Blick beflissen tauscht,
abseits, nach blinder Brunst Beglückung lauscht,
das Gipfelglück der Mitte zu gewinnen?

Dann will mein Puls mich schier pulverisieren,
und brodelnd brüllt betongewordene Luft,
und dein Verenden will mich wüst verbrennen;

umringt von Kraken bös in Hass-Klistieren,
bleib ich gepresst in schwarze Fäulnisgruft
von deinen Blicken, die mich kaum noch kennen.

Aus fremden Spiegeln

Auf deiner Spur, die sich in dunklen Spiegeln
spurlos verliert, vermag ich nicht zu wandeln;
doch darf ich frei mit deinem Bild verhandeln
in Träumen, die du braust in trächtigen Tiegeln?

Doch willst du in den Spiegeln dich versiegeln,
willst dir verstimmt den klaren Glanz verschandeln,
dein Zauberbild zum Zerrbild mir verwandeln
und zwischen deinen Spiegeln mich verriegeln.

Dort schmieg ich mich in einen Schild aus Schweigen,
denn Bronze brennt auf deinen starren Zügen,
und deine spröde Kälte hör ich klirren,

und deine schwarzen Flügel seh ich schwirren,
seh alle Furien deinem Spruch sich fügen
und dich als Spuk aus fremden Spiegeln steigen!

Im Galaxienkleid

Schmalbrüstig wird die Zeit; in schnellem Schwund
rollt, hohler Rüssel, leer sich ein der Raum;
und mein Triumph: ein längst verlorener Traum.
Schmallippig schmäht mich schrill dein Sichelmund,

mit Basiliskenblicken scharf im Bund;
ich dichte Zähmung dir zu deinem Zaum,
vergeblich, starre Pracht, Stahlblütenbaum,
und schwarze Schlangen tief im Schattengrund.

Da du die Zeit, die mich verschlingt, verschlangst,
den Raum um mich schlau in sich selbst verschobst,
bleibst du mir Fatum, Fluch und Ewigkeit.

Da du bereits im Urknall mir erklangst,
seither durch meine Träume trotzig tobst:
sei Göttin mir im Galaxienkleid!

In Vergessenheit

Schweb ich, Phantomschmerz, dir aus goldenem Duft,
dann ahnst du Chrysanthemen, süßen Chor,
der liebend leuchtet um dich in der Luft,
zu unserem Träumen goldgewirktes Tor,

das du durchschreiten darfst, wo dann der Duft
dich mild hinab führt, nun durch Tränenflor,
ins Mausoleum, die monströse Gruft,
wo ich verschwand, weil ich dich einst verlor.

Dann darfst du wählen, ob du dich voll Duft
zur Ruhe legst zu mir im goldenen Flor,
mit mir verloren in Vergessenheit,

mit mir geborgen ewig in der Gruft;
oder ob du entfliehst aus hellem Tor,
wo dir die Lust des lichten Tags geweiht.

Im Niemandsland

Das, was wir wollen, soll sich selber wollen,
damit wir machen, was wir machen müssen;
es muss uns drängen auf den dunklen Flüssen
aus unsren Herzen, aus den übervollen.

Das Wollen nämlich muss uns überrollen,
wie Lava sich verströmt in glühenden Güssen,
muss voll Gewalt uns fesseln in Genüssen,
wenn wir im Sollen sicher wirken wollen.

Doch namenlos im Niemandsland geblieben
bin ich, im Innern, Sturz ins Implodieren,
weil ich dein Schwingen nicht gefunden habe.

So sehr das Sollen mich zu dir getrieben,
verlor ich doch dich schon vor dem Verlieren;
so trag ich gern dich bald mit mir zu Grabe.

Der Schrei

Du hattest deine Wurzeln stark und tief
in mich, den schwarzen Humusgrund, getrieben
und konntest wachsen, weil ein Schrei dich rief,
den du dem, was du hofftest, zugeschrieben;

ein Schrei, der tief in unserer Sehnsucht schlief,
in der wir beide uns umschlingend blieben;
doch anderen Wollens Wellenmuster lief
durch uns hindurch in wechselndem Belieben,

sehnsuchtskonträr; und dann stieg dunstig auf
aus meiner Schwärze, meinem Humusgrund
dumpfes Miasma, das dich bald durchtränkte

und mich als Gift aus dir in trägem Lauf
durchdrang; so warst du gegen mich im Bund
mit mir, was tief aus mir dich selbst tief kränkte.

Entschlüsselung

In der Corona bist du mir codiert,
der du entstiegst; doch decodiere ich
sogleich in sorglos schnellen Schritten dich,
da kaum sich dein Konturenklang verliert.

In dunklen Versen mit Verve verziert,
drück ich aus dir dich aus voll Schwung, ja ich
skandier in skandalösen Rhythmen dich,
vom Sprung von dir zu dir nicht irritiert.

Doch habe ich durch die Entschlüsselung
in neuen Code hinein dich decodiert,
worin du tiefer noch verborgen bist.

So stammelt dich selbst mein beredter Schwung,
während sich spürbar deine Spur verliert
in die Corona, die dein Schweigen ist.

166

Die Andere

Oft bist du die, von der du gar nichts weißt,
die einfach da ist und dich heiß durchglüht,
aus deinen Augen, Poren, Gliedern sprüht
und schwebend leicht den Schwerpunkt dir umkreist.

Sie ist das Wissen, das dich mit sich reißt
aus deinem Blut, wo wild dein Wesen blüht
im Feuer, wenn dein flammendes Gemüt
dich durch die Dichte satten Daseins schweißt.

Oft weißt du nicht, was tief in dir dich treibt,
und dennoch bist du deiner dir gewiss,
und deiner sicher kannst du sicher sein:

Gewissheit, die im Ungewissen bleibt,
schließt den vom Wissen aufgesprengten Riss:
dein Wesen weiß, hüllt dich in Wahrheit ein.

Verheerendes Glück

Du bist mein Atem, aber Atemnot
rüttelt an mir; und röchelnd schwankt das Schiff,
weil sich's zerschellen fühlt an scharfem Riff,
und Brücken und Altäre sind in Not,

da alles Sein sogleich zu sinken droht;
und nur der Geist hat noch das Sein im Griff,
der Geist, ein Diamant mit feinstem Schliff,
der Sinn im Sinken sieht und Trost im Tod.

Dein Atem, der den Atem mir erstickt,
flammt wütend auf, ein wilder Flügelschlag;
ich sterb so roh, dass ich nicht sterben kann.

In dein Verderben bin ich tief verstrickt,
und deine Trauer trag ich Tag für Tag:
verheerend ist das Glück, das ich gewann.

Ferne, fremde Melodie

Du musst nicht erst mich finden, da du längst
mich fandst vor langer Zeit, vor Anbeginn.
Vielleicht bin ich nicht mehr nach deinem Sinn,
als ein Verworfener, den du verdrängst,

den du verzerrt in jene Zone zwängst,
wo fruchtlose Gedanken fliehen hin,
wo abgelegt ist, dem abgeht Gewinn,
woran du nicht mehr tief in Träumen hängst.

Fast wie ein Lichtstrahl, der noch weiterfliegt,
wenn lange schon sein Stern erloschen ist,
erreicht mich stetig deine Energie.

Doch deine Träume sind noch nicht versiegt:
sie strahlen mir, weil du verwunschen bist,
als eine ferne, fremde Melodie.

Aus lichtgefüllten Schalen

Aus deinen Augen gierig trinkt mein Geist
(kristallenen und lichtgefüllten Schalen)
so manchen Trank aus satten Todesstrahlen,
und oft versinke ich, erstarrt, vereist.

Doch dann, wenn wieder Feuer in mir kreist,
in wüsten, weitgedehnten Wachstumsqualen,
entfalten Knospen sich zu Kathedralen
aus deinen Blicken, die mein Brennen speist.

Zu deinem Kult erheben sich Altäre,
und hohe Fenster, die in Farben glühen,
ersinnen glückdurchdrungen dein Gesicht.

Dann gleitet nieder die gehauchte Sphäre,
die ich besteige, bald mit dir zu blühen;
doch sie zerrinnt: zu plump ist mein Gewicht.

Mein Geschöpf

Du bist's, drängendes Bild, das mein Gehirn
ausdünstete als mein Geschöpf, Phantom
aus meiner Eisbergschlucht, doch autonom,
aus meinem Stoff und doch mit eigener Stirn.

Schwer in dir brütend über dem Ballast
aus meinen Sinnen, voll von Sucht und Brunst,
kreist du mit Unwucht wirbelnder Unrast
der eignen Sinne, eigenem Sorgendunst.

Du, mein Geschöpf, das ich gehetzt mir schuf
aus meiner Nacht, aus meiner Nervenglut,
hast gern geschöpft aus meinem Geistgesang;

und doch durchpulst dich frei ein fremder Ruf:
du stiegst aus meinem Blut mit eigenem Blut,
dein eigner Klang zerreißt mir meinen Klang.

Du Bilderrausch
(Besessenheit, Exorzismus und Wiederkehr I)

In mir zerklüftet sich dein irres Wohnen:
dein Zorn, dein Zerren, dein Zerrüttungszwang
und deine Zucht, gereift in dunklen Zonen,
und deine Zartheit, milder Zauberklang.

Du bist voll schweren Schwungs, kannst nie uns schonen,
voll Dramendruck, voll Durst, voll Daseinsdrang;
pulsendes Plasma, prasselnde Ionen:
du schaurig schöner Schicksals-Schmachgesang.

Ich schwanke schaudernd durch dein wüstes Wohnen,
bohr grollend durch dein Grauen Grabesgang
und sinke süchtig satt in deinen Sog.

Du Bilderrausch in brausenden Ikonen,
du Glück und Übel, Glanz im Überschwang,
du Prachtprolog und Endzeitepilog!

Auf volle Hoheit
(Besessenheit, Exorzismus und Wiederkehr II)

Wenn du zu dicht, zu derb in mir gewohnt,
verschließ ich mich vor dir, vertreib ich dich,
verhüll den Raum in mir, wo du gethront:
Du ordiniertest, okkupiertest mich;

denn zwischen deinen Blicken festgekeilt,
fand mich dein Spruch, mit sprödem Spott verhängt;
und deines Geists Gesetzbuch, scharf gepeilt,
griff ungestüm nach meinem Geist; es drängt'

auf volle Geltung deiner Hoheitsmacht:
nie hat mich deiner Wahrheit Wucht geschont,
bestechend deutlich war sie Stich um Stich,

doch meine Wahrheit sank in deine Nacht.
Drum: wenn du mich zu lang, zu stark bewohnt,
entlass ich dich aus mir, entzieh ich mich.

Unsrer Fremdheit Schlucht
(Besessenheit, Exorzismus und Wiederkehr III)

Wenn du dann wiederkommst von ferne her,
      sei jene, die ich kennenlernen will;
sei mir die Fremde, die, geheimnisschwer,
mich zart zum Stillstand bringt, ganz atemstill,

und mich mit zarter Hand erneut berührt
und mich gespannt zu neuem Gang anstößt,
der auch zum neuen Start des Kosmos führt
und neuen Drang in alle Dinge flößt.

Sei jene, die ich neu begreifen muss,
die Unvertraute, dennoch urvertraut,
nach der ich süchtig bin in dunkler Sucht;

so treiben wir, ein Floß auf breitem Fluss,
dem Liebesdom zu, hoch vor uns erbaut,
und winken über unsrer Fremdheit Schlucht.

In deinen tiefsten Träumen

D er Raum zerfließt, die Zeit wird weißes Rauschen
vor deiner unergründlichen Gestalt:
du gibst der Kuppel *unseres* Kosmos Halt;
doch seh ich dich erregt ins Erdreich lauschen,

mit Tiefengeistern Geistiges austauschen;
die Tiefe strömt nach oben voll Gewalt,
zu dichter, dumpfer Dämmerung geballt,
der Höhe steil entgegen sich zu bauschen.

Doch sinkt die Tiefe wieder in die Tiefe,
in schwarzen Schlund in einen schweren Schlaf;
du aber hebst das Haupt zum Himmelszelt,

als ob von dort ein großer Glanz dich riefe,
der dich in deinen tiefsten Träumen traf,
voll Glück, da er in dir sich selbst gefällt.

Bis zur Verschmelzung

Ich habe dich aus dir herausgelöst,
dich zum Extrakt mir, zur Essenz gemacht;
als Elixier bist du in mir erwacht,
zu einem Dasein, das dich selbst verstößt.

Denn dadurch bleibst du dämmernd unerlöst,
bist Ausgeburt, ahnungsvoll ausgedacht,
zu einem dunklen Feuer angefacht,
bist rau als Durst den Dingen eingeflößt.

So habe ich dich von dir selbst getrennt
und leb in dir, die dich verloren hat,
die dich in Zwietracht nur zurückgewinnt,

die sich in dir vergeblich selbst erkennt,
der Suche leid und der Versuchung satt,
bis zur Verschmelzung, die das Selbst verbrennt.

Durch deine Lust

Ich kenn dich durch und durch, und dennoch bleibst
du mir ein Rätsel durch und durch. Du brennst
mit unbekanntem Brennstoff, spielend nennst
du deine Zauberformeln. Du beschreibst

das Dasein durch dein bloßes Dasein, treibst
durch deine Blicke alles, was du kennst,
in jenen Feuersturm, in dem du brennst,
durch deine Lust, in der du lebst und leibst.

Ich stürze mich in dich, in deine Schlucht,
und saug dich auf, damit du mich durchdringst,
bis wir Durchlauferhitzer beide sind,

wir beide füreinander, prall von Sucht,
bis wir verwandelt sind und neu du schwingst
als Rätsel, das nach neuen Rätseln sinnt.

Galaxien musizieren

Die Zahlen schwingen, die dich austarieren
im Rund des Raumes und im Strom der Stunden,
denn du hast sie, sie haben dich gefunden,
mit dir als Krone ihre Kraft zu zieren.

Ihr werdet nie einander mehr verlieren:
in ewigem Bündnis seid ihr fest verbunden,
seit Zahlenrhythmen dieses All bekunden
und machtvoll Galaxien musizieren.

In dir ist ihrem Spiel ein Sprung gelungen,
ein Höhepunkt astraler Harmonien
im Ring des Raumes und im Strom der Stunden.

Die Zahlen, die dich glanzvoll mir gesungen,
dich formten durch die Macht der Melodien:
in deinem Leibe sind sie neu erfunden.

Gebrechliche Sprache (I)

Mit Worten eine Welt zu bauen, ist schwer,
weil eine Welt mit Worten schon gebaut ist
und eifersüchtig wacht und eifernd laut ist
mit Worten voll Gewicht, oft groß und leer.

Die Worte wissen, setzen sich zur Wehr
mit allem, was in ihnen angestaut ist,
wenn etwas neu gedacht und neu geschaut ist,
bis Meinung wird dies Neue, wahrheitsschwer.

Von allen Worten bin ich weit entfernt
und im Verlangen hin zu dir verloren,
worin mein Sinnen sicher dir verstaut ist.

Da ich dein tieferes Sprechen nicht gelernt,
war tief ich dir im Sprachzerfall erfroren,
wovor als Schirm das Schweigen dir vertraut ist.

Gebrechliche Sprache (II)

Wir hoffen gern auf flügelstarke Funde
beim Segeltörn der Zunge durch die Zeit;
im Schwingenden, das in der Schrift gedeiht,
die rauschend mahnt im steten Ruf der Stunde.

Doch oft im Drang durch Daseins offene Wunde
ist jedes Wort zu jedem Wahn bereit;
seit Sprache uns bestimmt, das spröde Kleid
des Geists, ist Geistverlust in aller Munde.

Die Sprache, die uns mit uns selbst entzweit,
die unsere Gebrechlichkeit verwaltet,
die fremd mit uns und mit sich selber spricht,

umkreist uns Tag für Tag voll Widerstreit,
teils leer und teils im Sprechen schon veraltet.
Doch strömt aus dir sie stark und echt und schlicht.

In deinem Feuerfluss

Ich schaudre vor den Schluchten deiner Augen,
die voller Feuer sind und voller Frost,
die mich verzehren als verfluchte Kost
und mir die Kraft aus allen Knochen saugen.

Und meine Nerven, die zu nichts mehr taugen,
als deinen Glanz und deine schwere Last
in ihrem Netz zu nähren ohne Rast,
zergehen vorm starren Ausdruck deiner Augen.

Da deiner Blicke Rausch durch alle Rinnen
glüht im Gewebe finstren Wahns, im Kuss
verwirrender, verlangender Gestalten,

mich neu kreiert aus Katastrophensinnen,
versinke ich in deinem Feuerfluss,
in deinen transzendenten Traumgewalten.

Idee des Lichts

Dein Leuchten überflügelt jedes Licht,
denn jedes Licht und jedes Leuchten ist,
aus deinem Leuchten nicht entsprungen, trist
und leer und lahmt als Licht auf lange Sicht.

Du, leuchtend Licht, bedarfst des Lichtes nicht,
weil du das Licht aus eigenem Leuchten bist,
das Licht vom Licht aus ewiger Leuchtkraft ist,
die selbst sich Leuchten lieh aus deinem Licht.

Aus deinem Leuchten wird das Licht Idee
des Lichts und speist aus ewigem Leuchten sich,
das selbst aus deinem Leuchten Licht nur ist;

und Licht, das Licht aus dir nicht ist, tut weh;
denn all mein Licht, mein Leuchten kennt nur dich,
weil du das Leuchten meines Leuchtens bist.

Einöde (I)

Einöde ist bedrängend eingebrochen
in meinen Kreis, und Gipfelstunden kreisen
verloren ins Verklingen und Vereisen,
und ihr Gewicht ist lange schon gebrochen.

Aus deinen Lästerungen losgesprochen
hast du mich nie: mein Grab in deinen Gneisen
kann mein Bewährungsfeld dir nicht beweisen;
die Nattern sind in meine Nacht gekrochen,

die deinem Zaubertagewerk aus Zonen
trauriger Tücke schadenfroh entquollen,
beglaubigt durch die Lust in deinem Lachen.

Wie lange willst du mir noch innewohnen
als leerer Hauch, mir leiblich längst verschollen,
und mir dein Feuer immer neu entfachen?

Wildbewegte Flut

Sacht sickerst du in meine Sinne ein,
wo du verbrennst; doch ich verlier dich nicht,
denn du bist um mich, weit gedehnt und dicht,
bist überall: ich bin in deinem Sein.

Du füllst das Wesen, und du füllst den Schein,
du schwebst so leicht (doch schwer ist dein Gewicht),
veredelst mein Verlangen im Verzicht
und strömst voll Sucht in meine Sinne ein,

wirst Fülle, eine wildbewegte Flut,
die mich umhüllt und die mich prall erfüllt,
die heiß verbrennt und so mich heiß verbrennt,

ein mächtiger Magmastrom in meinem Blut,
der donnernd über alle Dämme brüllt
und kein Genügen, keine Gnade kennt.

Die flammende Gestalt

In krassen Konvulsionen des Gehirns
vermag als Geistgestalt ich dich zu zeugen;
doch muss ich mich dem Spruch des Zorngestirns,
das diesen Zauber mir verbietet, beugen.

Pompöse Pracht kostbaren Magier-Zwirns,
in den die Gier mich hüllt: vertrackter Segen;
der Sturm versteinernden Magnetgestirns
verdichtet uns; kein Muskel mehr zu regen.

Zu Eis gerinnt das Fieber des Gehirns,
die Bilderflut erstarrt im Kälteschock;
doch du erstehst als flammende Gestalt:

Erfüllt sich so der Fluch des Wutgestirns,
versiegelt im Verbotsgesetzesblock?
Denn du erscheinst voll Gier und voll Gewalt!

Aus deiner Hand

Zergeht, was immer du mir geben willst,
zu nichts, gleichviel: das Nichts in deiner Hand
lässt deine Hand mir doch, in der ich fand,
wovon aus reichstem Quell du überquillst;

denn wenn du nicht aus solchem Nichts mich stillst,
hast nie die Fülle du des Nichts erkannt,
die feurig sich mit deiner Hand verband,
in der du dich mir dauernd geben willst.

Und so ist zwischen uns das Nichts gespannt,
gediegenes Blatt, worauf geschrieben steht,
wie reich du aus dem Nichts, mir Nahrung, quillst,

als Flut aus deiner Hand in meine Hand,
und so die Fülle in die Fülle geht
und du das Nichts in Stille nährend stillst.

Ich sinke in Schwärze

Ich sterbe staunend hin vor deiner Pracht,
zermalmt im Mahlwerk eitler Liebesmühen,
und mein Verlangen lässt mich heiß verglühen
in dir, du schaurig schwarzer Schwan der Nacht,

aus der die Lockung deiner Leere lacht,
die Lust, in Sprüchen voller Spott zu sprühen,
im Sturm der Sterne in das Nichts zu glühen,
dem dunklen Gral, demiurgisch tief gedacht.

So sterb ich hin vor deinem finsteren Glanz,
du Cherub machtbeseelten Paradieses,
vom Wahnsinn deiner Wehmut ausgesaugt;

und trotzige Trolle taumeln toll im Tanz
aus deinem Geist; Fluch meines Geistverlieses:
Einöde, seit Äonen ausgelaugt.

Quadratur des Kreises (II)

Dich nicht zu quälen, ist die Quadratur
des Kreises. Dennoch bleib ich kreativ.
Als mich die saugende Sirene rief,
startete ahnende Apparatur

in unsrer tiefen, tragischen Textur,
und alle Ebenen endeten schief
in dir, in mir; das Innewerden schlief
im Kelch der Katastrophenkreatur.

Dich nicht zu quälen (denn verruchte Quellen
der Quäl-Lust flossen prickelnd mir im Blut),
erschien unheimlich mir als Unnatur.

Zu deiner Qual soll meine sich gesellen:
in solipsistischer Selbstläuterungswut
erlerne ich die Sprache deiner Spur.

In Zelle und Atom

Dein Flüstern flutet mich in stetem Strom,
es kommt von überall, aus allen Zeiten,
das Echo deines Schreis, des erdbefreiten,
aus deiner Aura drängt es autonom,

dringt vor in mir, in Zelle und Atom,
in meines Quantenschaums klirrende Saiten,
mich dort in Zorn und Zwang zu überschreiten
nach dunklem magisch mächtigen Metronom.

Dein Puls bedurfte meiner Pulsgewalt,
Taktgeber dir zu sein, dich neu zu takten
und selber deinen Rhythmus zu gewinnen;

doch mir vor deinen kalten Katarakten
zersprangen Rhythmusstrom und Taktgestalt:
drum drohten dir Zerbrechen und Zerrinnen.

Voll herber Kälte

Ins Ungewisse hast du uns gedacht,
wo wir nicht wohnen konnten; Wolkenwind
dein Fahrzeug; und so fährst du flammenblind
durch deine schauerliche, stille Schlacht,

die Nacht für Nacht dich einschließt, Nacht für Nacht,
wo jäh du fragst, wo deine Flügel sind;
doch die Gedankenkraft, gedankenblind,
hat lüstern träge deinen Leib gemacht.

Dein Auge, feurig flammend, ruht auf mir,
voll Hitze, die voll herber Kälte ist,
voll von erbarmungslosem Mitgefühl;

und meiner Ruhe Rettung rast in dir,
weil du das Schlachtfeld meiner Schwere bist,
im Glockenklang aus brüchigem Gestühl.

Maßlos blieb dein Mut

Die Trägheit, die ich an dir sah, war Trug,
und deine schweren Lider täuschten mich;
das Stein-geworden-Sein, das Zug um Zug
dein Antlitz modellierte, lähmte dich.

Du inhaliertest, in mir wühlend, mich,
doch all mein Grauen schien dir nicht genug;
mein blödes Brüten schwer bedrängte dich,
bis selbst dein stummes Schluchzen dich erschlug,

wobei du still und unbeweglich bliebst,
obwohl du kochtest und dein Krater schmolz
und du zergingst in gnadenloser Glut,

die du zum Höhepunkt der Hitze triebst;
dich strangulierte dein extremer Stolz:
maßlos, in dir zu bleiben, blieb dein Mut.

Der Schmerz ist Trug

Ich bin so voller Schmerz, dass ich mit dir
und deinem großen Schmerz verschmelzen kann;
du wurdest zum Organ des Schmerzes mir,
der mir aus Leidenschaft und Lust gerann.

Seit solchen Schmerz ich teilen darf mit dir,
er *mich* umspannt, so wie ich *ihn* umspann,
sind Glück, Gelassenheit und Glanz in mir,
Gewissheit, dass ich mich durch *dich* gewann.

Der Schmerz, der mich voll Weh zu Boden warf
und mich, verstrickt im Fluch, in Fesseln schlug,
reißt mich empor und richtet hoch mich auf,

weil ich in ihm dein Leid ausschreiten darf
und so zuletzt erkenn: der Schmerz ist Trug,
Larve der Lust in lichtem Liebesflug!

In heißen Dank

Unter dem Blutmond hab ich dich gesucht,
als tief in dir das Blut des Mondes brannte
und in mir alles, was dich ahnend kannte,
sich selbst gleich dir erlebte als verrucht.

Dann hab ich dich, die ich nicht fand, verflucht,
mit einem Fluch, der jäh die Fundamente
des Seins erschütterte, die Fäden trennte,
mit denen du zu weben mich versucht.

Doch als der Mond zu bluten aufgehört
und schwer ins Schweigen seine Schwärze sank
und all sein Blut zu starrem Stein gerann:

da fand ich dich, verzweifelt und verstört,
und sofort schlug mein Fluch in heißen Dank,
in Segen um, der dich mir neu ersann.

Einöde (II)

Einöde ist bedrängend eingebrochen
in meinen Kreis, und Gipfelstunden kreisen
in weiten Fernen durch verlassene Schneisen,
und ihr Gewicht ist lange schon gebrochen.

Und dennoch haben sie zu mir gesprochen,
den Weg mir in dein fremdes Ich zu weisen,
dort durch labiles Labyrinth zu reisen,
von durstiger Leuchtkraft deines Lichts bestochen.

Niemals von deinem Nimbus losgesprochen,
worin du leuchtest, leb ich, dich zu preisen,
bis endlich enden meine Energien;

und selbst wenn mir Gemüt und Geist gebrochen,
will ich dich loben: dann in letzten, leisen,
noch im Ersterben mächtigen Melodien.

An mir zerschellst du

Du hast mein Ich zu deinem Ich genommen,
mich installiert in dir, doch arg entstellt;
aus mir gefallen, wie's dir wohl gefällt,
bin ich, werd auch aus dir zu fallen kommen.

Du hast, dem Geist geneigt, den Geist erklommen;
doch welchen? Deinen? Meinen? Den der Welt?
An mir zerschellst du, der an dir zerschellt,
du würgst mich tot mit Wünschen, wilden, frommen,

erstickst mich drin und wirst darin ersticken,
da du, Betörte, meiner dich bedient,
dich sinnlich überstülptest meinen Sinnen.

Nie hörst du auf, uns hungrig zu verquicken;
das Geistgelände aber ist vermint:
Gebrochenheit, die beide wir gewinnen.

Vom Ich zu leeren

Längst bin ich meilenweit von mir entfernt
und dennoch dir nicht nah, nicht angekommen
in deinem Reich, von dir nicht angenommen;
du hast, mich zu gewahren, schlecht gelernt.

In uferlose Räume, reichbesternt,
trieb die Begierde mich, dich zu begehren;
durch Unlust dann, mein Ich vom Ich zu leeren,
hat mich der Drang zu dir von dir entfernt.

Nur wenn ich strebe, nicht nach dir zu streben,
erreich ich dich, erlang ich mich zurück,
bin ich dir nah und bleib mir selber nah.

Strikt muss ich mich des Drangs zu dir begeben,
will ich dein Glück; damit zu meinem Glück
dein Aug mich sieht, wie's einst mich brennen sah.

Die Macht der Muster

Beweg dich nicht. Denn wenn du dich bewegst,
störst du die Macht der Muster deines Sinnens,
zerrinnst du selbst im Strömen des Zerrinnens,
da du der Gesten Zwang dir auferlegst.

Doch was ist Zwang? Wenn du die Glieder regst
in der Bewährung stürmischen Beginnens,
im Wahn des Wollens, wirbelnden Gewinnens,
und Pläne hegst und planvoll Werte pflegst?

Bewege dich. Denn wenn du dich bewegst,
zerstörst du starre Muster steifer Macht,
die in den Leib dir dunkle Lähmung haucht.

Errege dich. Denn wenn du dich erregst,
dein Ausbruch frech aus deinen Augen lacht,
verbrauchst die Lust du, eh sie dich verbraucht.

Ins Fremde fort

In deinen braunen Augen braut sich was
zusammen: ein verwirrendes Verweigern,
zwar voller Steigerungen, die sich steigern,
nur nicht für mich, nicht einmal mehr mit Hass.

Und deiner Augen ausgelaugtes Nass
will trotzig meiner Tröstung sich verweigern;
denn meine Zeit verlor sich aus den Zeigern:
ins Fremde fort reißt dich dein flüchtiger Pass.

In Trümmerstücke sprengte mich dein Spruch:
dein leerer Blick aus leergezehrten Augen,
und deine Gleichung ist Gleichgültigkeit.

Könnt ich aus deines Blickes bösem Bruch
mir doch die Hölle deines Hasses saugen,
den Schrei in dir, der mir noch immer schreit!

Verschwunden

Doch ich verschwand, weil du verschwunden warst,
weil dein Verschwinden vielfach mich verschlang;
verschwand in dir, in mir, verschwand im Klang,
in dessen Bleiben du dich offenbarst,

der aus den Fernen kam, wo du schon warst,
bevor ein Dasein war mit dumpfem Drang,
erfüllt von deinem Drang und Überschwang,
worin du Tränke braust und Gifte garst:

doch wütend fern, was mir die Welt verdirbt,
die dich mir zeigt, wie du in ihr verschwandst,
die ganz, von dir entleert, von dir erfüllt,

mir zeigt, was bunt im Blühen brausend stirbt,
was du, an dich gebunden, jäh entbandst:
dein Selbst, das, Fülle, sich in Leere hüllt.

Keine Höhenflüge

In Höhen habe ich dich überhöht,
von wo ich dich nicht mehr herunterkriege,
so straff ich streckend mich nach oben biege,
im Fanggriff dich zu fassen. Mir zu blöd,

wie du da oben strahlst, so streng und spröd,
unnahbar mir. Wenn nur dein Flüstern schwiege
und dein Idol in lähmender Intrige
nicht Welten leer mir fegte, wüst und öd.

Mich nervt dein starrer Blick, dein steter Spott,
dein sturer Ernst, dein hochgespannter Stolz;
dein Sog will saugen mich zu dir empor,

doch bin für Höhenflüge ich nicht flott:
ich sei, so flüsterst du, aus faulem Holz;
vielleicht: doch geh mir endlich aus dem Ohr!

Ekstase zu erleben

Gemeißelt stehst du, grandios gedacht,
tief aus Tragödie, Traum und Trug gelungen,
die Augen klar, die Brauen kühn geschwungen,
das schwarze Feuer deines Haars entfacht.

Aus deinen Blicken aber brennt die Nacht,
das Dunkel, das dämonisch uns durchdrungen
schon damals, Fluch, schwarz durch dein Fleisch
       gesungen,
mir Darbendem elegisch dargebracht.

Und fern im All schwebt schweigend ein Altar,
der uns erstrebt, Ekstase zu erleben,
damit sich mächtig das Magnetfeld spannt,

durch das die Träume tropfen Jahr um Jahr,
und Galaxien, die uns Weihe geben,
Gebete donnern, drohend, glanzgebrannt.

Verwerfung

Wenn du mit wildem Blick den Wind berührst,
saugt meinen Mund der Wind zu deinem Mund,
drängt meine Sucht in deinen Sinnengrund,
wo du Verwerfung und Verlustnot spürst

und mich verlangend im Verweigern kürst
und, wuchernd mit der Wut geballtem Pfund,
durch Grauens Gruben stark dich gräbst gesund,
wo du absurd mich ad absurdum führst.

Begib dorthin dich, wo mein Brennen tief
dein Brennen schlürft, von Todessucht gewürzt;
versink mit mir im Schauder unsrer Schlucht,

wo unsre Lust in dunkler Lust entschlief,
wo wir ins Brausen schwarzen Bluts gestürzt
durch die Grimasse graugewachsener Flucht.

Auf sicherem Gleis

Ich wollte niemals wissen, was du bist,
weil ich dein Wesen ohne Wissen weiß;
dich, größte Gabe, geb ich gerne preis,
weil dies Gewähr, dich zu gewinnen, ist;

und was in mir dich rückstandlos vergisst,
gelangt zu dir zurück in weitem Kreis,
gerettet tief im Selbst auf sicherem Gleis,
gelangt zum Ziel, das letzte Zeugung ist.

Ich wollte niemals wissen, wer du bist,
denn Wissen-wollen zeugt Gefangenschaft
und schraubt das Dasein in Schablonen fest,

weil Wissen immer Wahl und Willkür ist;
Gewissheit nimmt uns gern in enge Haft,
indes Unendliches uns gehenlässt.

Flutet mit Fülle mich

Kennst du das Nichts? Verwirrt dich diese Frage?
Das Nichts kommt über mich aus deinem Nein
und keucht und schwelt im Klang verschwiegener Klage
und schlägt nur schwer noch um in Sinn und Sein.

Das Nichts entbehrt Substanz, ist leere Sage
und schlemmt und schwelgt in Nichtigkeit und Schein:
nur dich zu lieben durch die letzten Tage,
fühl fern von dir ich auch Verdruss und Pein,

flutet mit Fülle mich, so dass ich's wage:
ich flöß im Drang der bitteren Begierde
mein stetes Dürsten meinem Dichten ein,

das ich zu dir durch Dunst und Dämmerung trage,
und meine Liebe leuchte dir zur Zierde,
und selbst dem Nichts entströmen Sinn und Sein.

Dein Anderssein

In deinem Anderssein bist du ganz anders
als Andre, die nur einfach anders sind;
auch anders als die Andre, die stets anders
Gestalt in dir als Andere gewinnt.

Oft anders, ist dein Anderssein noch anders,
und anders als im andren Anderssein;
du gleitest in dein Anderssein ganz anders
als andre, die nur anders sind, hinein.

Im Anderssein entdeck ich stets dich anders,
wenn du durchs Anderssein dich anders zeigst,
ganz anders, voll von andersartiger List.

Du weißt im Anderssein dich anders anders,
wenn du in Andre anders dich verzweigst,
so anders, als du jemals anders bist.

Der Raum in dir

Der Riesenraum, den du durchmessen hast,
durchdringbar nur für dich, beflügelt dich;
doch ich, darin erstarrt, verweigere mich
dem Riesenraum und seiner Riesenlast.

Der Riesenraum schenkt dir bewegte Rast,
du rastest überall in ihm, für dich
ist er die Ruhe; doch erschlägt er mich
durch Druck, den du in dir gebunden hast.

Du kannst in diesem Raum beweglich sein,
die Richtung dir bestimmen, Reiselust
genießen tief im Raum; du kennst den Raum,

beherrschst den Raum; denn du allein
erschaffst den Raum, doch ist's dir nie bewusst:
du trägst den Raum in dir als reichen Traum.

Im Druck der Zeit

Die Zeit zergeht vor deiner Zuversicht,
die zeitlos ist, durch alle Zonen dringt
und mich zerreißt und mich im Zorn verschlingt,
mir zielgerichtet Raum und Zeit zerbricht.

Was zählst du in der Zeit, wo dicht auf dicht
die Stunden hasten, die dein Herz dir zwingt?
Ist's unser Herzschlag, der dir Hader bringt
im Druck der Zeit, als dauerndes Gewicht?

Doch ohne Zerrung nimmt die Zeit dich wahr,
sie glänzt an dir und gleitet ab von dir,
lässt dich voll Zuversicht dir selbst zurück.

So bist du zeitlos jung, blühst Jahr um Jahr,
diktierst als Macht die Macht der Jahre mir,
strahlst zeitlos im Zerfall mir doch als Glück.

Du traumhaft Schöne

Schon länger stehen die Motoren still
im Zentrum meines Wesens; wesenlos
bin ich und aller Energien bloß:
Der Wille zählt nicht, wenn sein Zwang nicht will,

und das Unbändige fühl ich nicht; Unbill
durchdringt mich wuchernd, wulstig; würdelos
treib ich auf totem Fluss, brüchiges Floß,
umweht von Fäulnisgeistern, friedhofsstill:

Du, traumhaft Schöne, bist ein ferner Traum,
im Dom aus Dunst, ein Traum, der sterbend sinkt,
mit starren Blicken mir die Blicke bleicht.

Vor deinen Wellen weitet sich der Raum,
ein Meer aus Mohn, worin mein Geist ertrinkt,
bevor sein Nachen deine Nacht erreicht.

Im Feuer deiner Blicke

Du überwältigtest mit Überfluss
mein dunkles Glühen; selbst dein Schweigen war
voll greller Blitze, blendender Gefahr
aus deiner Augen Feuerüberschuss.

Dein mächtiges Sein, geballt zum Sonnenkuss,
verschlang, verzehrte fast mich ganz und gar,
bis ich ein Schemen nur noch schwelend war,
dem Leid verloren, glücklos im Genuss.

Denn wenn du glühtest, sprang mein innerer Kern
auf eine andre Bahn, so dass es ihn
zerriss, und dies Zerreißen dauert an

bis jetzt und jagt mich; Stern um Stern um Stern
in mir strahlt Supernova-Symphonien,
seit sich Entgleisung zwischen uns entspann.

Unser Leuchten

In deiner Blässe hab ich keine Bleibe,
weil ich drin sterbend in dein Sterben tauche,
im Nicht-gewesen-Sein zu nichts verrauche
und nie erlöst durch dein Erlöschen treibe.

Denn unser Leuchten schwand uns aus dem Leibe,
und letzte Lust und letztes Licht verbrauche
ich schwach aus dir, bis ich in dir verhauche
und in die Ewigkeit mein Elend schreibe.

Nein, deine Blässe gibt mir keine Bleibe,
ich kann nur drin versinken und verdorren
und kann nur sterben dir in deinem Sterben:

bis ich mit dir durch Universen treibe,
zahllos und zeitlos und zutiefst verworren,
bis spätere Leiber unser Leuchten erben.

Die Nacht der Nächte

Wenn du erschöpft die letzte Nacht erklimmst,
dann lass im letzten Sein mich bei dir sein,
denn in der Nacht der Nächte bin ich dein,
da du aus mir die letzte Auszeit nimmst.

Du bist Bedingung mir, und du bestimmst
dein letztes Sein, und dadurch bleib ich dein:
lass letzten Grund für letztes Glück mich sein,
das du erschöpft in letzter Nacht erklimmst.

Denn in der Nacht der Nächte bist du mein,
in der ich endlich dir die Mitte bin,
und du mich heiß in deine Mitte nimmst,

in deine heiße Mitte, mich allein,
im letzten Sein, zu letztbewirktem Sinn,
in der Bestimmung, die du mir bestimmst.

Anhang

Glossar

Absenz – Abwesenheit, Fortbleiben

Acheron – Fluss der Unterwelt in der griechischen Sage

Agonie – Todeskampf

Alraune – Wurzel der Mandragora (Nachtschattengewächs mit rübenähnlicher Wurzel) mit menschenähnlicher Gestalt; galt als Zauberpflanze

Amnesie – Erinnerungslosigkeit, Gedächtnisschwund

Amplitude – größter Ausschlag einer Schwingung aus der Mittellage

Anachoret – Einsiedler

anämisch – blutarm

Äon – Zeitraum, Weltalter, Ewigkeit

apollinisch – den Gott Apollo (griechisch-römischer Gott der Weissagung und Dichtkunst) betreffend, in der Art Apollos

Apotheose – Verherrlichung

Avatar – virtuelle Kunstfigur; Vertreter oder Projektionsfigur des Ich

Babel, Turm zu Babel – Erzählung im Alten Testament der Bibel über einen Turm in Babylon, der bis in den Himmel reichen sollte, dann aber einstürzte, worauf sich die Sprache der Erbauer verwirrte

Basiliskenblick – todbringender Blick des Fabeltiers Basilisk (drachenartiges Phantasiewesen)

Byzanz – (Konstantinopel, heute Istanbul) Hauptstadt des oströmischen Reiches

Charon – in der griechischen Mythologie Totenfährmann der Unterwelt

Cherubim – Engel, himmlische Wächter, geflügelte Engelsgestalten

Choral – Lied mit religiösem Inhalt; metaphorisch

Corona – (Kranz, Krone) Strahlenkranz um die Sonne, wird besonders bei Sonnenfinsternissen deutlich sichtbar; auch Heiligenschein; hier metaphorisch

demiurgisch – metaphorisch für schöpferisch (Demiurg: Weltenschöpfer)

Echnaton – Name des ägyptischen Pharaos Amenophis IV. (1372-1354 v. Chr.), Gemahl der Nofretete, Begründer des Aton-Kults (Sonnenkult) als Kult eines einzigen Gottes

Elegie – wehmütiges Gedicht, Klagelied

enigmatisch – rätselhaft

Entität – Wesen, Wesenheit

Epilog – Nachwort, Nachspiel, Ausklang; metaphorisch

Epiphanie – Erscheinung einer Gottheit unter den Menschen; metaphorisch für ein Schlüsselerlebnis oder eine plötzliche Erkenntnis

Fatum – Schicksal, Geschick, Verhängnis

Fegefeuer – (nach katholischer Leere) Reinigungsort für die Seelen Verstorbener; hier metaphorisch

fluktuieren – schnell wechseln, schwanken

Fusion – Verschmelzung, Vereinigung

Gambe – sechssaitiges Streichinstrument (historisch, vor allem in der Renaissance), das in Kniehaltung gespielt wird; Viola da Gamba

Goldener Schnitt – Teilung einer Strecke in 2 Abschnitte, sodass sich die ganze Strecke zum größeren Abschnitt wie dieser zum kleineren verhält

Gorgo – weibliches Ungeheuer mit Schlangenhaar (auch Medusa) und versteinerndem Blick

Hades – Unterwelt, Totenreich, Hölle

Hymnus, Hymne – feierlicher Festgesang, Lobgesang, Weihelied

Ikone – Sinnbild, Idol in einem bestimmten Bereich; metaphorisch

imaginieren – sich vorstellen; ersinnen; sich etwas anschaulich machen

Immanenz, immanent – innewohnend, in etwas enthalten sein

Interferenzen – Überlagerungen, Überschneidungen (z.B. von Wellen)

Interima – von Interim: Zwischenzeit, Zwischenzustand, vorläufige Regelung; hier in der Bedeutung von: Beherrscherin einer Zwischenzeit

Intervall – Zeitabstand, Zeitspanne; Abstand zwischen Musiknoten

intervenieren – dazwischen treten, vermitteln; eingreifen

intrigieren – Intrigen spinnen; hinterlistig Verwicklungen inszenieren

Introitus – Eingangsgesang im Gottesdienst; hier metaphorisch

Ionen – elektrisch geladene Teilchen; metaphorisch

Jericho – antike Stadt in Palästina, von den Israeliten erobert, indem diese durch Posaunenblasen die Stadtmauern zum Einsturz brachten

Justinian – byzantinischer Kaiser (483-565 n. Chr., Herrschaft ab 527); stellte die Einheit des römischen Reiches kurzzeitig wieder her; seine Frau Theodora (497-548), mit der ihn echte Liebe verband, beherrschte ihn teilweise sehr stark

Kalaf – ein Prinz, der um die Prinzessin Turandot wirbt (siehe dort)

Kammerton – Bezeichnung für den Ton, nach dem die Musikinstrumente gestimmt werden; metaphorisch gemeint

Katafalk – schwarz verhängtes Gestell, auf dem der Sarg während der Trauerfeierlichkeit steht

Kataklysmus – plötzliche Vernichtung, Zerstörung; hier metaphorisch

Katarakt – Stromschnelle, Wasserfall; metaphorisch für das Pulsieren von Kraft und Energie

Klistier – Einlauf; hier metaphorisch

Konsistenz – Beschaffenheit eines Stoffes, eines Zusammenhangs

Konvulsion – Schüttelkrampf; hier metaphorisch

Largo – langsam und schleppend gespieltes Musikstück

Leier – (Lyra) antikes Zupfinstrument, Begleitinstrument beim Vortrag von Lyrik

leprös – an Lepra leidend, aussätzig; hier metaphorisch

Lethe – Vergessenheitstrank, Vergessenheit

Ligeia – In der gleichnamigen Schauergeschichte von Edgar Allan Poe ist Ligeia die erste Frau des namenlosen Ich-Erzählers. Dieser beschreibt sie als schwarzhaarig, mit großen, strahlenden, tiefschwarzen Augen, marmorweißer Haut und hoher Gestalt, vom Wesen her leidenschaftlich, aber äußerlich sehr gelassen. Diese Frau ist umfassend gebildet und ihrem Mann in fast allem überlegen; sie zeigt sich vor allem von der Idee besessen, dass der menschliche Wille alles vermag und sogar über den Tod triumphieren könne. Dennoch erkrankt sie und stirbt. Der Erzähler erwirbt in England ein Anwesen und heiratet bald eine blauäugige Blondine mit Namen Rowena, die er eigentlich gar nicht liebt. Irgendwann wird auch sie krank, siecht dahin und stirbt schließlich. Doch während der Totenwache, die der Erzähler im bizarr eingerichteten Sterbezimmer Rowenas abhält, beginnt plötzlich, begleitet von seltsamen Spukerscheinungen, eine rätselhafte Wiederbelebung und merkwürdige Metamorphose der toten Rowena, an deren Ende die Verstorbene sich vom Sterbelager erhebt und sich als die wiedererstandene Ligeia entpuppt. In einer anderen Bedeutung ist Ligeia eine der sagenhaften Sirenen (siehe dort).

Logos – menschliche Rede, sinnvolles Wort; logisches Urteil, Begriff; umfassender Sinn; Offenbarung, Wille Gottes und menschgewordenes Wort Gottes in der Person Jesu; Gott, Vernunft Gottes als Weltschöpfungskraft; göttliche Vernunft, Weltvernunft; hier metaphorisch für Denken, Sprechen und Intellekt

Magnetar – Überbleibsel eines Sterns nach einer Supernova mit großer Masse, hoher Dichte und einem gewaltigen Magnetfeld

Manie – krankhaft übersteigerte Leidenschaft; eine Art Besessenheit

Martyrium – Opfertod oder schweres Leiden um des Glaubens oder der Überzeugung willen

Medusenblick – fürchterlicher, schreckenerregender, versteinernder Blick

Metamorphose – Umgestaltung, Verwandlung

Metapher – bildhafte Wortbedeutung; im übertragenen Sinn gesprochen

Miasma – giftige Ausdünstung; hier metaphorisch

Mimikry – der Täuschung und dem Selbstschutz dienende Anpassung

minoisch – nach dem kretischen Sagenkönig Minos; hier als metaphorische Anspielung auf eine sagenhafte kretische Kultur, in der die Frauen die Herrschaft ausübten

Moira – griechische Schicksalsgöttin; hier metaphorisch

Mütter – mythische Wesen des Ursprungs, des Urweiblichen; Anspielung auf die rätselhaften Gestalten der „Mütter" in Goethes „Faust"

Myriaden – Unzahl, unzählig große Menge

mystisch – geheimnisvoll, rätselhaft, dunkel

Mythos, Mythologie – überlieferte Dichtung, Sage, Erzählung aus der Vorzeit eines Volkes, die sich besonders mit Göttern, Dämonen, der Entstehung der Welt und der Erschaffung des Menschen beschäftigt; hier auch als eine Art privater Mythos gedacht

Nachen – Kahn, kleines Boot

Narziss – ganz auf sich selbst bezogener Mensch; jemand, der sich selbst bewundert und liebt (nach dem schönen Jüngling Narziss der griechischen Sage, der sich in sein Spiegelbild verliebte)

Neuronen – Nervenzellen in Gehirn und Nervensystem

Nimbus – besonderes Ansehen, glanzvoller Ruhm

Nofretete – ägyptische Königin, Gemahlin von Echnaton (siehe dort)

Nornen – Schicksalsgöttinnen in der nordischen Mythologie

Nukleus – Kern, Zellkern, Atomkern; hier metaphorisch für Wesenskern

Obsidian – kieselsäurereiches, schwarzes, glasiges, vulkanisches Gestein

okkupieren – aneignen, besetzen, erobern

oszillieren – schwingen, schwanken, pendeln

Pan – in der griechischen Mythologie Waldgott, Sohn des Hermes; bocksbeiniger und gehörnter Gott der Hirten und Jäger, bläst die Panflöte (Syrinx)

Patina – graugrüner Belag auf Kupfer und Kupferlegierungen; nachgedunkelte Firnisschicht, z. B. auf alten Bildern; hier metaphorisch für „Erlebnis- und Erfahrungsschichten" einer Person

Phalanx – tief gestaffelte, geschlossene Schlachtreihe des schweren Fußvolks im antiken Griechenland; hier metaphorisch für die unwiderstehliche, lückenlose, angriffsstarke, charismatische Macht der Persönlichkeit

Phiole – kugelförmige Glasflasche mit langem Hals; Verwendung in der Chemie; hier metaphorisch für geballte Wirkkraft

Plasma – leuchtendes, elektrisch leitendes Gasgemisch; metaphorisch

Prolog – Einleitung, Vorwort, Auftakt; metaphorisch

Quadratur des Kreises – mathematisch-geometrische Umwandlung eines Kreises in ein Quadrat mit gleichem Flächeninhalt; hier metaphorisch für ein unlösbares Problem

Ruptur – Zerreißung, Durchbruch

sakrosankt – unantastbar, hochheilig, unverletzlich

Sarabande – langsamer Tanz; Satz einer Suite; hier metaphorisch

Schierling – giftiger Doldenblütler; Anspielung auf das Ende des zum Tode verurteilten griechischen Philosophen Sokrates, der sich durch einen Trank aus Schierlingssud umbringen (den Schierlingsbecher trinken) musste

Seismograph – Gerät zum Aufzeichnen von Erdbebenwellen

Sepsis – Blutvergiftung; metaphorisch für tödliches, unheilbares Leiden

sibyllinisch – geheimnisvoll, rätselhaft

Sirenen – in der griechischen Mythologie Meeresdämoninnen, halb Frau, halb Vogel (bzw. Fisch), die Seefahrer mit ihrem Gesang (Sirenenklänge, Sirenengesang) in den Tod lockten

Sirius – der „Hundsstern"; bedeutend für die ägyptische Kultur

skandieren – taktmäßig nach Versfüßen lesen; rhythmisch sprechen

solipsistisch - ichbezogen

spastisch, spasmisch – krampfartig, verkrampft (Spasmen; Krämpfe)

Sphinx – in der griechischen Mythologie geflügeltes Ungeheuer mit Löwenleib und Frauenkopf, lauerte vor Theben, um Vorüberziehenden Rätselfragen zu stellen; rätselhafte Person oder Gestalt; hier metaphorisch für rätselhafte Geliebte

stoisch – unerschütterlich, gelassen, gleichmütig

Synapsen – Kontakt- u. Umschaltstelle zwischen den Fortsätzen von Nervenzellen

Syrinx – Panflöte

Theodora – byzantinische Kaiserin, Gattin von Justinian (siehe dort)

Tirade – wortreiche, geschwätzige Äußerung; Wortschwall

Transmitter – chemische Überträgersubstanz, Überträgerstoff zwischen den Zellen in Gehirn und Nervensystem

transzendent – übersinnlich, übernatürlich

Travestie – komisch-satirische literarische Gattung, in der ernste Inhalte ins Lächerliche gezogen werden

Tristesse – Traurigkeit, Trübsinn, Melancholie, Schwermut

Turandot – chinesische Prinzessin in einem Märchen aus tausendundeiner Nacht, die ihren Freiern Rätsel aufgibt und sie töten lässt, wenn diese die Lösung nicht finden, siehe auch Kalaf

Vasall – mittelalterlicher Lehnsmann, Gefolgsmann

Verve – Schwung. Begeisterung

Zyklon – heftiger Wirbelsturm in tropischen Gebieten

Über den Autor

Gerhard Leonhard Rothe wurde 1950 in Eilenburg bei Leipzig (damals Bezirk Leipzig in der DDR) im heutigen Land Sachsen als Ältester von sechs Geschwistern geboren.

Er hatte das Glück, in einer musisch aufgeschlossenen Familie eine glückliche Kindheit mit vielen kreativitätsfördernden Erfahrungen und Eindrücken erleben zu dürfen.

Nach dem Besuch der Zehnklassenschule erlernte er den Beruf des Schriftsetzers, diente zwischendurch in der NVA (Nationale Volksarmee) und arbeitete ein Jahr lang als Hilfspfleger in einer christlichen Pflegeanstalt für geistig Behinderte.

Von Kindheit an war er eine „Leseratte" und entwickelte sich zu einer Art „Bücherwurm". Bücher sind seine ständigen Begleiter, schon als Jugendlicher begann er, sie leidenschaftlich zu sammeln.

Mit etwa zwölf Jahren fing er an zu schreiben, zuerst Gedichte, dann Dramen und später Erzählungen. Aber all diese Versuche blieben lange Zeit epigonal. In der DDR, wo er aufwuchs, waren die Möglichkeiten, Lyrik zu publizieren, mehr oder weniger eingeschränkt; ein einschlägiger Versuch des Autors in den späten siebziger Jahren misslang, auch weitere Bemühungen scheiterten.

Nach der Wende, in den neunziger Jahren, während längerer Arbeitslosigkeit, absolvierte der Autor ein Fernstudium an der Axel Andersson Akademie in Hamburg im Fach Kreatives Schreiben.

2014 veröffentlichte er einen Band mit phantastischen Geschichten (im Verlag Phantastik–Buch; Titel: „Der dritte Pfeil").

Gerhard Leonhard Rothe lebt gegenwärtig in Brandenburg und schreibt an einem Drama nach einem biblischen Stoff und an weiteren Erzählungen und Gedichten.

Inhalt

229

230